# 高等教育政策与管理研究丛书

主编：陈学飞　副主编：李春萍

初　编
第 **2** 册

## 台湾教育改革政策制定中的权力竞逐
### ——网路结构的分析

王玉芳 著

花木兰文化出版社

国家图书馆出版品预行编目资料

台湾教育改革政策制定中的权力竞逐——网路结构的分析／
王玉芳 著 -- 初版 -- 新北市：花木兰文化出版社，2016〔民
105〕
目 2+140 面；19×26 公分
（高等教育政策与管理研究丛书　初编　第 2 册）
ISBN 978-986-404-703-1（精装）
1. 教育改革 2. 教育政策 3. 台湾
526.08　　　　　　　　　　　　　　　　105012933

ISBN-978-986-404-703-1

9 789864 047031

## 高等教育政策与管理研究丛书
初编　第 二 册　　　　　　ISBN：978-986-404-703-1

# 台湾教育改革政策制定中的权力竞逐
## ——网路结构的分析

作　　　者　王玉芳
主　　　编　陈学飞
副 主 编　李春萍
总 编 辑　杜洁祥
副总编辑　杨嘉乐
编　　　辑　许郁翎、王筑　美术编辑　陈逸婷
出　　　版　花木兰文化出版社
社　　　长　高小娟
联络地址　台湾 235 新北市中和区中安街七二号十三楼
　　　　　　电话：02-2923-1455 ／传真：02-2923-1452
网　　　址　http://www.huamulan.tw 信箱 hml810518@gmail.com
印　　　刷　普罗文化出版广告事业
初　　　版　2016 年 9 月
全书字数　108610 字
定　　　价　初编 5 册（精装）台币 9,000 元　　　版权所有 请勿翻印

# 台湾教育改革政策制定中的权力竞逐
## ——网路结构的分析

王玉芳 著

## 作者简介

姓名：王玉芳

学历：台湾师范大学 学士

　　　美国纽约哥伦比亚大学 教育硕士

　　　北京大学 教育学博士

　　　经历：外交部（台湾）驻纽约新闻文化中心 编译

　　　行政院研究发展考核委员会 副研究员

　　　行政院教育经费审议委员会 委员

　　　泛华国际文教协会 理事长

发表论文：

　　★台湾财团法人私立高中之法律性质与运作 2004 民办教育

　　★决策过程中学术理论之运用——以台湾"扩充高教规模促进经济发展"政策为例
2009 江苏高教

　　★以钻石模型探讨两岸高校交流之策略分析 2009 江西高教

　　★高校定位的调整——以台湾公立高校行政法人化为例 2010

## 提　　要

　　近年台湾教育改革推动步调快速，不仅影响层面广泛且引起多方争议，其中许多问题源自教改政策偏离教育本质、政策内在逻辑存在矛盾以及政策制定者与执行者间对立，因此唯有对教改政策制定过程进行正本清源的分析与揭示，才能顺势厘清庞杂而纷扰的教改问题。

　　本研究以1987年至1998年的台湾教育改革政策制定过程为对象，以三任教育部长任期将研究时段划分成三个阶段，从网络视角进行横向分析，再纵向串连以展现政策制定过程的变化与全貌。首先提出"互换结构"、"动因结构"及"网络权力结构"三大结构作为分析框架，收集行动者关系资料并运用社会网络技术测算网络不同层次的"互换结构"；其次演绎互动模式的深层驱力并归纳成"动因结构"；最后测算出两大结构交互作用产生的"网络权力结构"，据以推导出影响政策发展的机制，藉此剖析政策制定过程中导致今日政策窒碍难行的原因。

　　研究发现，各行动者的动机、立场与诉求南辕北辙而造成整合难度极高，民间团体为教育诉求能进入政府议程，主要运用两方面策略：一是操弄政治杠杆与立法院联手瓜分教育部的政策制定权；二是策略性发动规模空前的大游行向教育当局施压，使教改议题顺利进入政府议程，然而这些策略的运用却造成教改政策的异化，教改团体与在野党的"政治取向"充斥，正因政治算计及民粹力量的滥用造成制定者与执行者间的对立。

# 序　言

　　这是一套比较特殊的丛书，主要选择在高等教育领域年轻作者的著作。这不仅是因为青年是我们的未来，也是因为未来的大师可能会从他们之中生成。丛书的主题所以确定为高等教育政策与管理，是因为政策与管理对高等教育的正向或负向发展具有重要、甚至是决定性的意义。公共政策是执政党、政府系统有目的的产出，是对教育领域社会价值的权威性分配。中国不仅是高等教育大国，更是独特的教育政策大国和强国，执政党和政府年复一年，持续不断的以条列、规章、通知、意见、讲话、决议等等形式来规范高等院校的行为。高等教育管理很大程度上则是政治系统产出政策的执行。包括宏观的管理系统，如党的教育工作委员会及各级政府的教育行政部门；微观管理系统，如高等学校内部的各党政管理机构及其作为。

　　这些政策和管理行为，不仅影响到公众对高等教育的权利和选择，影响到教师、学生的表现和前途，以及学科、学校的发展变化，从长远来看，还关乎国家和民族的兴盛或衰败。

　　尽管高等教育政策和管理现象自从有了大学即已产生，但将其作为对象的学术研究却到 19 世纪和 20 世纪中叶才在美国率先出现。中国的现代大学产生于 19 世纪后半叶，但对高等教育政策和管理的研究迟至 20 世纪 80 年代才发端。虽然近些年学术研究已有不少进展，但研究队伍还狭小分散，应然性研究、解释性研究较多，真实的高等教育政策和管理状况的研究偏少，理论也大多搬用国外的著述。恰如美国学者柯伯斯在回顾美国教育政策研究的状况时所言："问题是与政策相关的基础研究太少。最为主要的是对教育政策进行更多的基础研究……如果不深化我们对政策过程的认识，提高和改进教育效果是无捷径可走的。仅仅对政策过程的认识程度不深这一弱点，就使我们远远缺乏那种可以对新政策一些变化做出英明预见的能力，缺乏那种自信地对某个建议付诸实施将会有何种成果做出预料的能力，缺乏对政策过程进行及时调整修正的能力"。（斯图亚特.S.纳格尔.政策研究百科全书，北京：科学技术文献出版社，1990:458）这里所言的基础研究，主要是指对于高等教育政策和管理实然状态的研究，探究其发生、发展、变化的过程、结果、原因、机理等等。

编辑本丛书的一个期望就是，凡是入选的著作，都能够在探索高等教育政策和管理的事实真相方面有新的发现，在探究方法方面较为严格规范，在理论分析和建构方面在前人的基础上有所创新。尽管这些著作大都聚焦于政策和管理过程中的某个问题，研究的结果可能只具有"局部"的、"片面"的深刻性，但只要方向正确，持续努力，总可以"积跬步以至千里,积小流以成江海"，逐步建构、丰富本领域的科学理论，为认识、理解、改善政策和管理过程提供有价值的视角和工具，成为相关领域学者、政策制定者、教育管理人员的良师和益友。

主编 陈学飞

# 目

# 次

# 导　言

　　综观台湾教育改革近十多年来的推动步调快速，短时间内政策多次变动不谓不巨，加上所涉及改革层级与面向广泛，如教育行政制度、课程、学制与升学方式、师资培育、校长任用、学校组织等等，其中重大方案如九年一贯课程、广设高中大学、多元入学方案与师资培育，正因改革内容连动性紧密所造成影响层面的扩大，更容易引起各界的关怀与争议，然而学界、政界在谈论教育问题与制定政策时，所根据的往往是一般印象或考察心得，而不一定是根据严谨的研究成果、证据与深入的解释，对于教育问题的许多症结往往理解不够，所制定的教改政策往往带来更多的问题，尤其这些过程所交织的歧见与混沌以及权力与意识型态的攻防争夺，正反映出教育改革制定过程中权力面向的复杂性，权力的介入与角逐、政策的朝令夕改让社会大众对教改的连续性与正当性产生疑问，部分教改内容如乡土语言教学，甚至更直接引发"政治正确"或是"教育正确"的质疑。这些改革内容、改革步伐甚至改革需求性的争执，显示台湾教育改革目标、策略的混淆不清，这不该是简单一句涉及层面广泛或是改革阵痛期就能令人满意的答案。该项改革值得吾人进一步分析研究的原因，可从以下层面观察：

## 1. 至今争议不断、影响持续扩散

　　台湾首例由民间团体发起、由教育诉求"成功转型"为具体政策的教育改革风光上路后，民间社会的疑虑和怨怼却开始涌现，当初激情的街头运动不再，甚至当年的教改运动健将如今也不愿谈论过往的改革理念，抱持高度期待的民众不免对教改的现况感到失望，面对教改推行后和社会期待之间的强大落差，相关学术研究与评论纷至沓来，其中批判之声不在少数，甚至以"黄钟毁弃、瓦釜雷鸣"来形容教改运动。有人批判教改由一群门外汉所主导，错将"改革"这个手段变成目的；有人认为整个教改内容完全不符合教育哲学之本质与规律，失败是必然的；更有人批评李远哲领导的"政院教育改革审议委员会"所提出台湾教改蓝图"教改总咨议报告书"根本不能真切反映民意且违反教育本质；更有甚者直指改革期间更换五任教育部长，不仅政策无法延续，更罔顾教育专业与师学权益。可见当前台湾教育改革诸多争议，不少批评都指向对决策过程中人、事、物的质疑。

### 2. 紧扣历史发展、政治遗绪残存

台湾的教育发展向来依附于政治局势与经济发展，尤其历经日本殖民统治与国民政府迁台之后，这些重大历史转折的影响不仅烙印于台湾教育的内部规律中，并深刻影响1987年以降在全台湾所掀起的教育改革运动。自1895年至1945年日本统治台湾五十年期间，教育方面推行皇民化的同时也采行"差别教育"，不仅教育内容而且限制台湾人民受教育的机会，直到国民政府播迁来台，并直接将中国大陆的教育政策移入之后，台湾才逐渐削弱日本殖民统治教育之影响。然而除此之外，台湾当局对于教育本身的发展未见积极的规划，教育事业对于台湾当局而言，一直扮演着服务于政治经济的工具性角色，学生的受教权、教师的教学自由、课程自主性，甚至教育主管机关的决策权，都必须以经济建设人力规划为圭臬，所以台湾教育的本体性建设从来未曾排上政策优先顺位，政府依然从人力资源和民族本位的角度规划教育政策。加上1949年开始计划性的教育体制，民众自身的教育需求长期被忽略与压制，社会体制设计也不曾提供民意表达的渠道，于是教育公平性的缺位与不当的政治管制都是造成民间爆发教育改革的深层动因，也导致日后台湾教育改革"教育松绑"主轴的确立。

### 3. 由民众主动发起、长期结社促成改革

至1987年台湾当局宣布解除戒严令、报禁、党禁，由政府垄断资源和严格控制私人活动空间的格局才被打破，政府逐渐释放的资源提供了民间组织生根与茁壮的土壤，台湾教育改革就是在此政治社会体制变动下的产物，随后"人民团体法"的颁布，民间关心教育的社团纷纷成立，成为教育改革运动的先驱，各种教育团体如"教师人权促进会"（1988）、"人本教育基金会"（1988）、"大学教育改革促进会"（1989）等，在一片民主政治的呼声中尽情

表达各自不同的诉求，"大学教育改革运动"、"师范教育法修正案"、"教师法立法"、"民间教改会议"、"四一〇教改游行"、"民间兴学"等等运动此起彼落，台湾民间于是掀起一场风起云涌的教育改革运动。

### 4. 从社会运动成功转化为具体政策改革

二十世纪八十年代解除戒严令是近代台湾政治社会发展的重大分水岭，在此重大体制转型过程中许多社会改革议题，例如环境、性别、劳工、族群、人权等由民间所发起诉求，或抗议手段激烈、或论证周密、或拥有广大群众的支持，然而却如昙花一现纷纷消亡，唯独教育改革议题由民间表达诉求肇始，逐步得以进入政府施政议程，最后发展成具体的出台政策。社会议题或诉求能否为政府所采纳或重视，其关键显然并不单单是吸引眼球的理念或严谨深奥的论述，如果缺乏政治环境的配合以及社会团体因势利导的努力，再崇高的理念、无懈可击的论证往往也只能无疾而终，因此二十世纪八十年代台湾教育改革政策的制定过程是个十分特殊且重要的案例，不仅对于台湾教育发展的影响深远，而且同时折射出台湾近代体制转轨过程中政策制定的特色与问题，值得加以分析与论述。

### 5. 学界研究旨趣纷呈，政策制定过程依然有待探索

综观现有的教育改革研究，发现大致分为两大面向。第一，教改理念与内容的研究。这类研究的旨趣在于回答应该如何推进改革研究，较关注教改理念和内容，学者大多从各自教育专业出发进行特定的研究与论述。以上对教改内容的研究或探讨了理念的理论基础，或著力于教育理念的鼓吹，或针对教育哲学、课程、学科特性进行分析，但是单纯对教改内容进行分析是不够的，因此第二面向针对教改本身进行分析的研究是有其必要性的。第二面向的研究旨趣偏向于回顾检讨教育改革的成败不足之处，大致可以归纳为三种：第一种是来自于民间教改鼓吹者，他们对于改革前的教育体制从事分析与批判的工作；第二种是少数国外学者对于台湾教改的分析（Hawthorn 1996; Law 1996:Mok 2000, 2002），这些研究关注台湾社会变迁的脉络，尤其是政治民主化、世界教育新潮流、经济自由化等因素，所涉及的领域虽与上述比较视角以及经济视角的台湾学者研究有所重叠，然而这些研究往往暗采功能论的默认，将台湾教育体制的转变仅视为社会需要的机械式反映而已；第三种研究大多从社会学的视角进行分析，关注台湾教改的实际历程并涉及政治与社会面向的讨论。

总体而言，台湾教改政策的相关研究在数量上明显偏重于关于理念和内容的研究，教育学者莫不以其教育专业针对教改相关次领域的内容进行深化研究，因此研究成果丰硕；相对而言，关于教改本身的分析研究则明显偏少，二者比例明显失衡，加上此类的研究学者多半从社会变迁、教育理念、教育学原理等角度批判教改本身的错位，相对地比较不重视政策形成过程的分析，尤其是针对教改政策过程的演变与政治层面分析更是寥寥可数。究其原因可能在于政策过程向来被讥为"黑箱作业"，其中相关的资料难以取得，尤其事过十余载，关键文献资料数据的收集、整理与有效运用格外重要，加上现有少数的教改过程研究中，理论与现况的结合不尽如人意，所运用的分析视角效果依然有限，所以台湾教育改革政策过程的研究仍存在严重的缺口，因此**本研究定位于台湾教育改革政策制定过程的探究**，研究聚焦如下：

## 1. 以 1987-1990 台湾教育改革政策制定过程为分析对象

直至 1987 年解除戒严令民众才能合法组织 NGOs 且采取各种和平的方式表达政策诉求，这是开启台湾全民参与教改的真正契机所在，也是台湾教育改革"结构性"的起因。之后如雨后春笋成立的民间团体经过了近十年的交流、学习、试探甚至与官方部门进行角力与博弈，最终于 1998 年促成第一份官方正式出台的《教改行动方案》，作为日后台湾推行教育改革的蓝图，因此本研究以 1987-1998 年之间的台湾教育改革政策过程之研究为分析对象，当年适逢台湾政治体制由威权朝向公民社会的转型初步阶段，因此本研究将聚焦于民间教改团体如何学习并运用结社的力量，从专业的领域出发，以多元化与多样性的行动扩大政治共参与的空间，以通过掌握政策形成中的各种机制，进而影响政策最后的产出。

正因为台湾开放民间结社自由，使得政治参与者大幅增多，从此不再局限于个人表达意见或仅由政府资助主导如教育学会等"官方白手套"充数，解严之后的民间社会力逐步集结是台湾朝向多元开放发展、迈向市民社会的第一步，而政治系统也势必将形成独立但相互依赖的网络，以集体的协调行动解决参与者面对的共同问题，这种涉及多方行动者的角力、议价与协商，彼此频繁的互动必将形成一张绵密的决策网络。因此本研究将采取网络的视角分析论证台湾教育改革政策制定过程中复杂且多元的互动。

虽然台湾教改政策制定过程大约进行十年，但其中却变化剧烈且复杂，为有效描述整个政策制定过程的演变脉络，并考虑解严之初台湾政治过程依然未脱威权统治的人治色彩，顾及每任教育部长施政目标的完整性与个人施政风格的特性深切影响台湾教改政策制定过程的演变，因此本研究依据三任教育部长任期为准并参考其发展特色，将研究时段划分成三个阶段：反抗探索、各自表述时期-毛高文部长主政（1987-1993），百家争鸣、联合纵横时期-郭为藩部长主政时期（1993-1996），集体行动、权力重构时期-吴京部长主政时期（1996-1998）三阶段，将之视为三个独立的政策网络分别进行横向分析，最后再将三个时期的分析结果加以纵向串连，并交叉分析以展现整个政策制定过桯各个层面的变化。

### 2. 由行动者的互动分析政策制定的过程

DiNitto & Dye（1983）曾提过，社会政策的形成是一个政治过程，教育政策也不例外，从市民社会的视角出发，公民虽然可以自由地通过结社来表达思想、价值、情感、偏好参与政治活动，但公共政策的形成往往需要通过一定程序的运作才能完成，所以理论上民众可通过结社参与政治活动并影响政策的形成，但若缺乏方法与能力，最终政策的完成还是由政府来主导[2]。

回顾解严前后，关注教育的民间人士纷纷高举各种教育关怀的旗帜成立许多社会团体，有的是由关心中小学教学与设备为出发点的家长所组成；有的团体由大学生与教授组成以共同争取大学的自主与自治；有的则是教师群体为争取自身执教权益、专业授教权而积极奔走，换言之由于参与教改成员的角色、身份甚至意识型态不同，往往导致各个教育团体所关注的焦点与诉求迥异，这些社会团体组织力量的消长势必影响政策参与程度的深浅，各种势力之间的角逐与博弈更可能直接导致政策影响力此消彼长，而这些影响力正是主导台湾教育改革形成与走向的最重要驱动力，首先要回答的问题即是：台湾教改政策制定过程中有哪些主要势力？他们之间如何互动？尤其如何进行政治操作？互动的结果是否造成势力消长？这些势力的教育诉求、意识型态或是政治立场最终如何促成政策的出台？这些问题的梳理与澄清将有助于检讨与解释为何许多教改政策偏离教育本质，为何政策本身的内在逻辑存在矛盾，为何政策制定者与执行者间形成对立。唯有对教改政策最初的制定过程进行正本清源的分析与揭示，才能顺势厘清庞杂而纷扰的教改问题，因此本研究拟针对对台湾改革过程中复杂的权力面向、互动面向抽丝剥茧、厘清理路。

### 3. 以政策网路的视角，量化权力的消长和移转

以网络视角研究政策过程，对教育研究而言具有三个方面的意义：一方面，它为教育学术界理解教育决策过程提供重要的理论工具；另一方面，本案例的研究能够为政策网络理论之发展与完善提供佐证资料；再一方面，本研究力图针对政策网络研究的缺失，进行理论的整合与建构，期待理论与现实之间的互动在未来能不断深化。然而正如学者 Klijn（1999：15）声称，政策网络研究是改变过去政策科学研究偏重理性决策的狭隘、进而强调"过程分析"的一种政策科学的发展，这种发展让我们从传统政策过程五阶段论-议程设定、政策规划（分析）、政策合法化、政策执行、政策评估——进入一个以多元行动者互动为中心的过程论。但是政策网络研究并未对行动者互动过程的一般化理论有更深入的研究，导致在分析政策网络发展过程及其与政策结果之间的逻辑关系，明显缺乏足够的解释力，需要其他理论来辅助诠释实际经验世界现象，所以本研究另一个主要目的就是理论建构的尝试，运用社会网络分析技术结合政策网络理论，将政策过程的结构提供更科学与量化的支持与呈现，并佐以政治过程理论若干重要概念，分析在台湾教育改革政策制定的网络中，各行动者如何运用行动策略开创有限资源、提高自身网络权力以实现教育理念与政策偏好，并进一步探究网络博弈过程背后的深层动因与运行机制。

### 4. 探究政策制定程过中深层的价值冲突与动因

在大多数的情况下，如何形成决策对社会与政治的影响要比决策的内容是什么更为重要（Austin Ranney），二十世纪八十年代的这场台湾教育改革运动对于台湾日后的教育发展方向影响甚巨，在批判浪潮不曾间断的过程中艰难前行至今，值得吾人在学术研究中客观中立地还原并剖析当年政策制定过程的系统（context），如教改团体如何采取策略开发资源以突破环境的约束，如何将不同的教育理念转化为政策偏好并将之纳入政策文本，并探究政策制定程过中深层的价值冲突与动因、描述多元团体相互的博弈，更清晰地呈现台湾教育政策制定过程中特有的内在本质与发展规律，藉此通盘掌握台湾近代最重要的教育决策过程，以提供现今政策制定者全面性的认知，日后以制定更符合正义原则之公共政策。

# 第一章　网络视角的分析：
# 理论、框架与方法

　　公共政策之制定可视为一连串的动态决策过程，公共政策的研究者所要面对的不仅单纯是技术层面的问题，更要对政策的制定过程中所牵涉到的政治现象有充分的了解，决策者经常处理的是复杂、难以理解且不易解决的社会问题，现今政策的形塑与发展已不单单是专业官僚运作的结果，而是政府因应环境的需求、通过组织网络的协调以及相关行动者共同互动之产物。政策网络作为探讨政策形成过程的一种新兴方法，将政策过程理解为具有不同立场、多元利益的群体复杂的动态博弈过程，突破了西方传统决策研究领域中精英决策或理性决策的分析方法。

　　分析政策过程能够动态地说明教育改革发生的整体历程，这种过程性的、互动性的分析有助于了解特定论述的形成与转变。所以如何有效运用仅存有限的文献资料、寻求适当的分析视角以设计出具有解释力度的理论框架，将此政策制定过程如实地还原，并深究现象表征背后的变迁机制是有其必要性的，因此本研究从网络的视角观察、描述台湾在1987-1990年间教育改革政策制定过程的动态历程，提出一套分析框架并结合网络分析技术将政策网络中互动实况与权力之分布与消长予以数据化，以提供更直观的关系结构与变化图像，之后据以印证政策制定过程中多方角力与博弈的结果，并演绎出驱动其变化的多元动因与机制。

## 一、理论基础

政策网络兴起于 20 世纪 70 年代，作为一种描述和解释动态的、复杂的政策过程的分析手段，政策网络滥觞于美国，经过英国学者的发展，现在正流行于整个欧美学界。政策网络（Policy Network）是将网络理论引入公共政策科学而形成的一种分析途径，其基本假定认为：政策是在多元行为者复杂的互动过程中决定的，此互动过程在一个由互赖的行为者所形成的网络中进行，这些行为者皆具资源与信息的互赖性，因此政策仅在行为者"合作"的基础上实现，这种合作关系绝非片面或是固定性的。

### （一）政策网络研究

政策网络研究的兴起被认为是对政治学与公共政策研究的一大贡献，它是过去二、三十年里学界寻求对政策决策现象进行重新概念化的重要成果（Kenis & Schneider, 1991）。在网络分析引入政策分析之前，学者们只能粗略地用方案（programme）、政策议题（policy issues）和政策（policy）来区分政策过程的不同分析层次（Freeman, 1986:5），这种分类方法概念不清、分类模糊，不利于研究的深化。

政策网络研究的重要贡献在于它增加了政策研究的第二个维度，即政策过程研究中的结构维度，从而弥补了阶段研究方法的主要不足（Skok, 1995）。政治系统主要通过独立但相互依赖的网络，以集体的协调行动解决参与者面对的共同问题，这种涉及多方行动者的角力、议价与协商，彼此频繁的互动俨然已形成一张绵密的决策网络[36]，因此有助于了解现代社会复杂且多元行动者间互动的政策网络分析理论之论证与应用日益重要。政策网络概念主要起源于现代国家机关推动公共政策时，越来越依赖政策利益相关者，结合与动员原本分散的社会资源，以期在和谐的集体行动过程中解决政策问题，而政策网络正是这种稳定与持续关系所形成的互动形态。以下就政策网络的理论基础、发展流派进行说明。

#### 政策网络之理论基础

尽管各派学者对政策网络的研究重点不一，但 Erik-Hans Klijn（1997：15-28）指出政策网络理论基础是整合组织科学、政策科学与政治科学等三个领域而成（表 2-2），而且各类政策网络皆具有三个特性：资源依赖性、多元行动者互动、社群持续关系。

**表 1-1　政策网络之理论基础与特征**

| 政策网络 | | |
| --- | --- | --- |
| **组织科学** | **政策科学** | **政治科学** |
| （组织间理论） | （过程模型） | （次级系统理论） |
| 资源依赖 | 多元行动者互动 | 社群持续关系 |

资料来源：改编自 Walter J. M. Kickert, Erik-Hans Klijn and Joop F. M. Koppenjan（ed.），1997：29。

　　政策网络被视为政策场域（policy field）中行动者之间所形成稳定、互赖的社会关系，在概念上强调政策参与者无法独立完成决策过程，必须通过与其他拥有资源的行动者之合作关系而影响决策的结果。一个政策网络必定包括某个政策领域各类参与者，亦即公共与私人参与者的非正式互动，以便集体在水平的、非层级节制的体系中谋求问题的解决。因此政策网络也彰显了国家和民间不再严格区分，政策制定的过程是多元化的，包含许多次级系统，而这些次级系统又因资源的互赖而联结成紧密的网络关系。在这些互动当中，行动者彼此交换著信息、目标和资源，由于这些互动不断被重复，制度化的过程也就发生了，一些共享的感知参与的模式和互动的规则被发展且正式化（Kickert, Klijn and Koppenjan, 1997：6）。

### 政策网络发展方向、流派与类型

　　回顾上个世纪五六十年代精英主义和多元主义关于权力之辩论过程，政治学领域逐步发展出次级系统（subsystem）和政策社群（policy community）的研究，至六七十年代开始与组织社会学相结合，政策网络分析理论因此应运而生。在跨学科相互借镜与融汇的过程中，由于各国政治制度与文化的差异、各自学术传统的不同，政策网络研究因此形成了不同理论和流派。从功能的角度观之，英美学者视政策网络为一个政策领域中国家与社会的关系模式，欧洲学者则偏向于将之视为跳脱传统官僚与市场机制的第三种治理形态。或许这两种思路使得分析模式有别，但政策网络以准政治制度的形态存在，则是符合政治事实的。[5]政策网络研究方向大致可分为英美与欧陆两派。

1. **英美利益中介学派：视政策网络为各种利益团体与国家关系形态的统称**

（1）美国对政策网络的研究以政策子系统（policy system）为起点，从微观层面研究政策过程中主体间的相互作用和影响。上个世纪五六十年代发展出次系统（sub-government）概念，描述美国的利益集团、国会和政府机构在公共政策决策过程中结盟、垄断决策间密不可破的联盟关系被喻为"铁三角"（Holett & Ramesh, 1995）。后来赫柯罗（Heclo, 1981）指出其他政策领域则出现"议题网络"（issue network）已经在取代封闭的铁三角关系，议题网络范围广泛、结构松散，成员经常更新，决策过程呈现制度化程度低、非正式化、分散的特征。

（2）英国政策网络的研究强调利益集团和政府部门关系的连续性，即所谓的"利益集团的协调"，形成两个流派。一种以乔丹（Jordan）为代表，重视政策网络中人际关系而不是结构关系对政策过程的影响，较为关注个体层次的分析；另一种观点以罗茨（Rhodes）为代表，强调网络概念在社会学、心理学、社会人类学及政治学中的应用。这一派学者明显受到欧洲的组织间关系理论的影响。

2. **欧陆治理形态学派：将政策网络视为特殊的治理形态**

政策网络被欧陆学派用来描述和分析国家和市民社会的关系。换言之，将政策网络当作一种治理结构，"政策网络是反映业已变化的国家和社会关系的政治治理之新形式"，本质上政策网络是在政策决策、方案规划和执行能力分散于广泛的私营与公共主体背景下一种政策动员的机制（Howlett & Ramesh, 1995）。这使得政策制定连带组织化，因此政策网络被视为特殊形态的政府能动员广泛分布于公、私行动者的政治资源（Börzel, 1998）。政策网络被用来描述这种治理形式的巨大转变。

综上所述，政策决策者经常处理的是复杂、难以理解且不易解决的社会问题，现今政策的形塑与发展已不单单是专业官僚运作的结果，而是政府因应环境的需求、通过组织网络的协调以及相关行动者三者互动之产物。政策网络作为探讨政策形成过程的一种新兴方法，将政策过程理解为具有不同立场、多元利益的群体复杂的动态博弈过程，突破了西方传统决策研究领域中精英决策或是理性决策的分析方法。[6]

### （二）社会网络理论与分析技术

虽然政策网络概念的提出和发展为政策研究提供了更细致、精确的分析单位，即不同政策主体在政策部门（policy sector）层面上相互作用形成的网络，打破了以国家为中心的、科层制的传统政策分析方式，将政策研究的对象扩大到跨越政府层级和政府部门的、涉及各种社会主体的跨组织的社会关系网络，然而政策网络分析同时也具备若干限制，首先公共行政的学者大多将政策网络的探讨局限于网络的样态描述，网络的表现方式大多为静态的呈现而非动态的权力互动过程；其次，政策网络分析在方法操作化方面无法明确指涉网络行动者，对于网络的边界如何设定，现今政策网络都没有提供明确的解释；再次，政策网络是行动者为达政策目的基于资源依赖而形成的网络关系，但是政策网络内行动者的关系形式和内涵如何测量，要如何分析行动者在网络中的结构位置，资源如何通过网络的关系连带而流动，仅提供粗浅的分类模式，所需的具体分析方法至今依旧付之阙如。因此当务之急便是针对政策网络的结构及行动者在政策网络中的位置变化与资源的流动进行实际的分析，这种任务恐怕得藉助社会网络分析技术。

至于政策网络要如何走出仅具描述性的隐喻批判而成为具有解释力的理论，Dowding（2001:89）、Peters（1998:31）等政治学者认为社会网络分析法对于政治科学领域来说有值得学习效法之处。社会网络分析法作为一套研究网络现象的分析工具，在分析的操作上对于网络成员的指涉、边界的设定、网络的启动与网络互赖关系内涵的分析均有明确操作化的方法，除了能解决罗德斯等学者在分析上止于政策网络分类的瓶颈外，也有助于我们回到网络的思路来观察政策网络，使政策网络与政策结果之间因果关系的联结更为缜密。以下自社会网络之理论发展切入，进而展现其解释力与分析方法，最后列举近年针对政策网络与社会网络分析间相互补充的学术研究成果，作为本研究的借镜。

### 社会网络理论之发展

社会网络理论之发展早从齐美尔（Simmel）提出概念，到二十世纪六、七年代形成连串中层理论，同时社会网络分析方法的提出，终于使社会网络不止于概念的陈述，而能产生可检验、指定清楚的模型。

### 1. 社会网络主要涉及的研究领域

社会网络主要涉及的研究领域有三，一是整体网络的结构特性，二是关系联结的性质，三则是关系联结的内容。整体网络的结构特性包括：网络的规模（参与的个体数量）、链接的密度（所有个体间的联结状况）、联结的集中或分散性（产生链接位置的分布）、等网络结构、成员组成的同构型或歧异性（指个体与其网络成员，在性别、年龄、职业、社福、教育、联盟等特质上是否相同）（House, Umberson & Lands, 1988），关系联结（linkage）的性质包括强度、持久性与互惠性；而关系内容是指正面的社会支持，或负面的紧张的关系（Umberson, Chen, House, Hopkins, & Slaten, 1996）。总之，将人与人之间的关系以及互动团体结构用数值、点、线等表示，呈现人与人之间互动的方向性、接触的距离等，把人与人的各种关系加以数值化，并且以点、线等图示的方示表达，这种数量化的结果可以对关系作更清楚的呈现[7]（Granovetter, 1973; Krackhardt, 1992; 罗家德、叶勇助, 1999）。

### 2. 社会网络分析技术

社会网络分析是以社会计量法（sociometry）发展而来，用以研究社会结构、组织系统、人际关系、团体互动概念的分析方法。社会网络分析技术曾经存在无法对社会演进的动力提供一套解释的缺憾，加上近年物理学家以"图形理论"发展出解释网络动态的模型（Watts, 1999），使得社会网络理论能因此建立模型与实证模型、收集定量数据与测量社会网络变量，网络分析的基本要素包括四种。

第一是**行动者**(actors)：行动者是网络的主体，称为交接者或节点(nodes)，这些行动者常常属于不同的网络，且扮演不同的角色，当行动者消失时，所属的网络亦将随之消失（Granovetter, 1973）。

第二是**关系**（relationship）：指关系的存在及其形态。两个行动者之间由于某种关系的存在而影响彼此互动，不同的关系形态或关系内容常使网络呈现不同的形式。

第三是**中心性**（degree centrality）：衡量行动者的控制或影响力范围大小（Freeman, 1979）。一个网络的中心性度数高的行动者表示在网络与最多行动者有关系，往往在网络中和所有其他行动者的距离最短，显示拥有非正式权力者在团体中往往具有领导地位[8]。

第四是**中介性**（between centrality）：在网络关系中两行动者的互动，所须沟通渠道依赖程度，亦即衡量重要策略位置的指标。当此中介性越高，表示越能够媒介双方间的互动与信息交换[9]，并具有取得资源与控制资源之优势，即扮演所谓掮客的角色。

### 结合社会网络分析与政策网络的相关研究

近年来学术界尝试在政策制定的运用上结合网络分析方法者日多，涵盖的研究议题也愈见广泛。Klijn（2001）研究战后荷兰的住房政策时，采取了网络的观点以探究政策网络中规则之影响力；Raab（2002）在对东德企业民营化的研究中使用网络分析方法探讨政策网络中行动者的多重联结关系；Raab 与 Milward 二人（2003）则使用网络概念对毒品交易网络进行分析；O'Toole 和 Meier（2004）府际管理问题进行研究时，发现高阶管里人员之网络行为会对绩效有所影响；Huang 与 Provan（2006）采用网络分析方法，对公共卫生服务网络中资源互动关系进行分析。显然社会网络分析法有助于解释政策网络中资源依赖与资源动员的过程，特别是在行动者利益、网络成员、水平和垂直互赖关系以及资源等四个分析构面，可以通过网络分析泫的分析要素来展现[10]。

全球化思潮席卷的今日，教育问题逐渐多元化且专业化，因此台湾政府的角色与职能也出现转变，以往科层休制将逐渐朝协调机制发展，加上市民社会的日趋成熟，决策过程势必将吸纳来自民营企业、非营利团体、舆论领袖与专业人士的意见，随着决策过程中参与者的多元化，这些发展趋势政符合木研究所关注的台湾教育改革政策制定过程的变化方向，所以结合政策网络的观点与社会网络分析技术，将台湾教改政策制定过程中行动者两两对耦关系、共同形成的网络结构甚至权力分布变化进一步提供更清晰、更具象的互动模式与动态变化是本研究的重要目的。

## 二、分析框架与方法

为探究过政策制定程过中深层的价值冲突与动因、描述多元团体相互的博弈，更清晰地呈现台湾教育政策制定过程中特有的内在本质与发展规律，本研究首先必须运用政策网络以及社会网络分析技术探求政策利益关系者在不同层次的互动方式、对象与模式；其次，探讨引起这些互动方式、模式的原因，最后在互动实况与因素的交互作用下，分析实际的权力分布状况。为了更精确地描述、剖析行动者与政策所处环境如何在遭遇、汇集、竞争，本研究以诺斯（North,1994）所提出的"互换结构"（structure of exchange）与"动因结构"（structure of incentive）两个构念，呈现台湾教改政策过程动态变化及交互作用下权力结构的转变，并进而分析三者之间的关系以勾勒出政策制定过程中的运行机制，如下图。

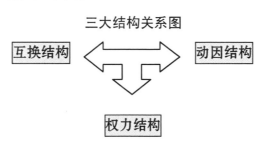

三大结构关系图

资料来源：作者自制

网络研究一般可归纳为两大类：一是后果研究（research of consequence），通常研究设计是先掌握影响网络变动的因素运用量化方法，设定变量进行因果关系分析，而推导出网络互动所产生的后果；二是前因研究（research of antecedent）。其研究设计一般先掌握网络变化的结果，利用量化或质化的研究方法向前推导形成网络变化的因素。本研究采取后者前因研究方式，因此必须以掌握台湾教改政策网络的行动者互动的资料为研究起点，之后再运用社会网络技术呈现出网络互动的原貌以及描绘出网络结构不同层次的样态（configuration），依据行动者个别、对耦、整体结构三个层次共同构筑成互换结构；其次，依据互换结构三个层次分别演绎推导出影响网络变动的个体、制度等因素；然后利用网络中心性的测算结果估算出互换结构与动因结构相互作用后，所产生的网络权力分布情况，亦即网络权力结构；最后，以互换结构描绘出政策网络整体特征、以动因结构综览网络动态变化的各种驱动因素，再分析两大结构交互作用后所产生的网络权力结构，以完整地勾勒出政策网络变化的运行机制。

### （一）互换结构

互换结构指网络行动者在不同时期所采取的行动内容与互动关系，根据行动者间实际的互动资料建构而成，所关注的重点在于网络行动者究竟采取哪些行动、曾与哪些对象互动、互动模式的相似性为何。

因此相应选取能直观表现个别行动者层次（individual level）的行动种类、行动者两两互动之后能测出对耦层次（dyadic level）的"二方组"测度，以及展现整个网络结构层面（structural level）的"结构对等性"测度来完善整个政策网络的互换结构内涵。以下针对互换结构中的三个测度--行动种类、二方组与二方谱、结构对等性的测量方式予以简要说明。

### 1. 活动种类（action）

从大量的文献资料中筛选出本研究中十位主要政策网络行动者间的交往、互动关系数据（relational data），依照时间序列整理逐条录入，建立完整的台湾教改政策网络行动者关系数据资料库，共计372笔。再依据发生事件、活动之性质加以分成18类，然后统计出行动者所发动的行动种类统计摘录表，以观察行动者相互采取行动的类型、频率等讯息进行分析互换结构的基础面貌。

### 2. 二方组（dyad）与二方谱

两个行动者之间可能存在的所有关系称为"二方组"，将行动者赋值关系数据库如上节所述转换成"邻近矩阵"，之后针对个别行动者，列表显示与其他行动者的互动频次与强度，从其中可分析出特定的行动者、习惯互动的特定对象，藉由彼此的互动频次与强度可以得出彼此的权力关系与方向。

二方谱则包含网络中所有行动者之间可能存在的二方关系比例，终所展现的是该政策网络中行动者互惠、单向或不存在三种互动比例之总面貌，其中互惠关系越高表示网络行动者彼此合作机会多、政策目标倾向一致，网络较为稳定；当单向互动较高时则表示行动者之间各有所求却同时难以获得相对的回应，因此可藉以判断网络行动者之间冲突大于合作，也可以推论出该网络正处于较不稳定的状态，至于不存在的关系比例偏高时，表示网络行动者之间并不熟识或相互漠视、毫无互动的意愿，可推论该网络活动力较差甚至濒临解散。

### 3. 结构对等性（structural equivalence）

结构对等性讨论的是由特定类别的行动者维持社会关系的"类别"，本研究可以运用结构对等性的测算，观察网络行动者之间的行为模式种类，行为模式类似者可谓扮演着类似的网络角色，进而探讨各角色成员间的共同特征以及整体网络的角色种类，如何共同互动推展网络的变化与发展。

### （二）动因结构

面对特定的外在制度环境，政策网络行动者拥有相异特质、秉持不同动机、拟定策略、采取各种行动加入政策网络博弈。然而不仅政策网络本身瞬息万变，连外在制度环境如法律规定、重大政治事件等也随之变幻莫测，这些来自网络行动者与网络制度环境、时时影响网络变化的前导性因素及共同构成的动因结构正是本研究探讨的关键。因此本研究中所谓"动因结构"指源自网络行动者不同的动机、诉求与特质，或是来自政策环境的制度安排、重大事件，也可能来自网络本身互动之际所产生的影响因素。一般学界探讨促使政策网络变迁的动因主要来自网络内部行动者因素，其中有行动者特质如职掌、成员特征、成立宗旨、组织惯性等行动者最初始的特质；另一个则是行动者动机（motive）指网络行动者为提高效益、争取民意支持、提高权威地位等驱力。另来自外部环境的驱力动因即制度性因素也可分为"正式权威"，如政治／规则的改变；"社会事件"如重大政治/社会事件的发生。这内外两大因素的交互作用便形成"动因结构"，而网络中的行动者会基于自身特质与动机，时时参照制度因素的变化形成动态的动因结构，进而随时影响著政策网络互换结构的变化。具体的分析方式依据互换结构的三层次——行动种类、二方组以及结构对等性的分析结果为基础，配合行动者与网络背景的文献资料，逐步抽丝剥茧地推演出触发行动者采取行动、决定互动对象以及行为模式的深层动因，之后再参考近年来网络研究领域中有关前因研究的重大概念，进一步归纳出台湾教改政策网络各种动因，以提炼出更完整、更具特质的动因结构图式。

### （三）网络权力结构

从社会网络视角分析必须通过具体的关系来研究决策行为，因此在特定的政策网络中，行动者所处的关键位置与关系赋予其影响他人的能力，这就是网络权力。网络位置所具备的优势取决于占据该位置的行动者，以何种态度、采取何种行动有目的地对他人施加影响力之能力，同时该能力也受惠于网络中的优势位置，一般而言，居网络中央位置会比边陲地带获得更多靠近资源、掌控资源的机会，所以位置的区别也显示行动者在网络中对他人的影响力大小，这种由网络互动造成的权力差异分布即为网络权力结构。

社会网络的分析步骤是通过具体的关系研究决策行为，首先要涉及人们所处的社会结构或网络结构，其次是描绘个人在网络中的地位、以及行动者在网络中的相对位置与其间的相互作用以及其所赋予行动者的行动意涵。而社会网络分析之网络中心性（network centrality）概念常被用于检视行动者取得资源、控制资源可能性的权力指标（Ibarra,1993），行动者如果位于网络结构的中心位置，将可以控制相关的资源并享有较多的利益，在组织中的绩效表现会比较好。在决策过程中权力的抢夺是每个参与者的第一要务，因为唯有权力加人其自身的各种政策偏好才有胜出的可能，才能改变决策的最终方向。在政策网络的分析技术中"中心性"正是量化的权力指标，因为网络中心性用以测量行动者在网络中控制范围的大小，网络中心性较高者表示其在整个网络中与其他行动者的关系最密切，且与其他行动者间的距离最短，代表行动者在整体的网络中受到其他人的认同与支持或得到其他人的依赖，因此可以用来测量非正式的影响力，亦即本研究所谓的网络权力，并有助于了解权力的结构与实际决策模式的关系（Knoke and Kuklinski,1982; Wasserman and Faust, 1994; Knoke and Yang, 2008）。

本研究的关注点在于澄清各个行动者如何在网络中相互串连、沟通、运作，由此认定在教改政策网络中与其他行动者发生互动的频率，次数越多的行动者亦即与其他行动者联结数目越多的行动者，表示网络中的地位重要性与优越性，对于网络中的资源、信息掌控能力较佳，不管其政策立场是否一致，表示该行动者具有沟通、合作、抗议的"议题价值"，亦即具有他人据以依赖的条件，因此本研究采取中心性为测度，衡量行动者各自在网络中的实际影响力，并据以推论出网络权力的分布结构。

网络中心性数据处理过程如下：将社会网络问卷中所获得的原始数据输入 UCINET-6 软件程序的矩阵数据域中，先建立"对称矩阵模式"（symmetric mode），绘出该网络的关系图，计算出该形态网络中各团队成员"程度中心性"的标准化数值；利用 UCINET-6 软件 Network→Centrality→Degree 路径，并于 Degree 对话框中"symmetric"选择"yes"选项计算出。

### （四）政策网络互换结构、动因结构与权力综合分析

本研究最后结合政策网络中"互换结构"三层次，观察如何与"动因结构"相互作用进而影响网络权力的分布（中心度排名），并综合分析该时期的总体网络形构与动态特征。

# 第二章 反抗探索、各自表述时期
## （1987-1993）

　　台湾戒严时期"人治"色彩浓厚，历任部长的行事风格往往引导著教育改革的方向，其中制度环境、个人学养、专长领域、开放或保守个性的差异，都深深影响著教育政策的制定。本研究以三位部长主政的时期作为台湾教育改革政策网络的分界依据，更能彰显不同时期政策网络的特质。

　　本时期的政策网络从毛高文部长 1987 年出掌教育部开始。上任三天后解除戒严案通过，月底即面对 11 所大学及 12 个未立案的学生社团组成跨校联盟成立"大学改革促进会"并揭出《大学法》修正案。毛高文便是在这种时代背景之下开始为教育部掌舵。解严后的台湾社会释放出巨大的社会力，许多关心教育的人士挺身而出，将理想化为行动，许多民间教改团体陆续成立，如"人本"、"学改会"等等，当时处处表现出对戒严的"反动"，尤其是大学生的街头运动与抗议达到高峰。[13]毛部长任内的五年可说是台湾教育变革的转折点，与其说台湾教育改革是从 1994 年"四一〇教改大游行"开始，其实解严前后的年代便已提供酝酿改革的沃土，毛高文部长在这样的历史拐点上出掌全台教育事务。因此本研究拟以毛部长任期作为研究台湾教育改革政策网络发轫的的第一个时期。

　　毛部长任内知人善用，充分授权、沟通，各界对于毛部长评价颇佳，但反对之声也时有所闻，"誉者认为毛部长有心推动教育改革，毁者则直指他'有决无策、有勇无谋'"[1]。其任内学生运动不断，立法院为顺应日益高涨的民意，难免处处为难部长，但许多难以突破的重要教育法案如《教师法》，依然于这

---

1　学改会讯.1990（6）12、14.

时期纷纷排上议程、审议至今，毛高文部长与教权会的出力尤多。尽管毛高文部长任内诸多举措未必尽如人意，但是他著手推动《大学法》、《私立学校法》、《师范教育法》等重要法案的制定与修订，对于奠定日后台湾教育行政法制化基础居功厥伟。

# 一、本时期政策网络背景

80 年代前期台湾民间教育改革意识逐渐萌芽，到 1987 年台湾解除戒严以后，民间教育改革团体蜂拥设立，成为教育改革运动的先驱。植基于各自零散的诉求所成立的教育改革团体，由于倡议改革的力量极为薄弱，无法在政府威权转型阶段加以吸纳，造成这些弱势团体到处流窜以寻求结合的机会。以整体教育改革为诉求的校园外民间团体更见多元且复杂，如主妇联盟教育委员会、人本教育基金会、四一〇教育改造联盟等陆续成立，更可见民间社会力量从伸展逐渐茁壮之发展趋势。

## （一）宣布解除戒严令与大学生学运

20 世纪 80 年代台湾内外形势丕变，美国保守势力兴起持续对台湾内部的改革施压，岛内社会运动也藉机开展，促使台湾当局对威权体制的存续进行检讨，1987 年台湾领导人蒋经国宣布解严可谓划时代的改革，"行政院"在该年的 7 月 2 日院会通过"解除戒严令"，长达三十多年的戒严时期终于走进历史。解严之后，民主化、工业化、都市化的浪潮以排山倒海之势冲击著台湾政治、经济、文化各社会层面。长期的戒严生活使得人民缺乏言论表达的自由，禁止组织各种社会团体，更遑论批判政府各项政策，然而随著解严令的颁布，原有"非常时期人民团体法"于 1992 年 7 月 27 日修正为《人民团体法》，从此人民团体之组织与活动依法有据，各类社会团体纷纷成立，首先登场的是由早在威权时代便已潜伏运作的民间组织所发起的环境运动、妇女运动、原住民运动和学生运动，解严后继之而起的则是劳工运动、农民运动、客家人运动等。

其中学生运动更是为日后教育改革的先声，解严前台湾许多高校师生对于言论受到牵制屡屡表达不满，1980 年代以后高校校园民主观念萌芽，学生在校园内争取改革并发起以拥有学生自治权、推动校园民主化、铲除学校对言论自由的箝制以及鼓吹政、党、军训教官和情治人员退出校园等诉求。另外，学生与教师联手致力于改革大学教育的团体也在此一时期出现。学生加入校园外的政治或社会改革团体，主要是在校际之间的结合、串联，而后再往校园外拓展，各大学纷纷发行地下刊物以"校园民主觉醒"作为大学教育改革之诉求：如中兴大学的"春雷"、高雄医学院的"青年社"、东海大学的"东潮"、辅仁大学的"野声"、中央大学的"怒涛"等等，所以解严直接开启台湾大学教育改革的一股磅礴动力。

### （二）官方政治力与民间社会力的首次较劲：第六次"全国"教育会议 vs.第一届民间教育会议

以规划培育经济建设人力为目的的教育体系，向来被批评是政府政治力量操控之主领域，1988年2月第六次"全国"教育会议召开分析"国内外"教育、文化、经济及社会发展情势，检讨当前教育政策及问题，并据以规划未来教育发展的取向；制定各级教育发展计划，以配合未来教育发展的取向；制定各级学校课程架构研究发展计划，以促进各级教育发展[2]。仍然无法因应民间社会的教育改革需求，威权统治下操控的影子未能抹除才是主因，于是民间教育改革团体首次挑战，在同年由人本教育促进会、主妇联盟以及妇女新知基金会共同主办，召集全台32个民间团体召开第一届民间教育会议，与政府主导的第六次"全国"教育会议分庭抗礼，这是台湾教育改革史上第一次民间团体合作的体现，企图提出具体政策改革，与当局开展对话，可惜得到政府的冷漠回应。之后经民间各团体不懈的努力，决定再接再厉于次年召开第二届民间教育会议，但由于发起团体热情锐减加上新闻性降低只得铩羽而归，但这种民间表达教育改革意见的舞台至此形成，也使之成为传播教育改革新观念的重要平台。

### （三）体制内与体制外的改革：国中生自愿升学辅导方案 vs.森林小学

为了减轻升学压力，教育部于1990推出《国中生自愿升学辅导方案》，此乃毛部长任内最重大的教育政策，然而第一阶段先废除高中入学考试，改以采计初中就学期间成绩并转化为"五分制"，之后再由初三毕业生自愿分发就读高中或职业专科学校，藉此新制落实初中教学常态化、消除越区就读明星学校以及避免中考一试定终身种种传统弊端顽疾，并为日后12年义务教育做准备。该政策虽立意甚佳，可惜施行后争议不断，甚至引发48位立法委员联署提案要求教育部停办。本案的推动也因此成为全民议论教改的导火索；

---

2　"中华民国"教育报告书：迈向二十一世纪的教育远景. 台北："教育部".1994.

与此同时，民间教育团体挑战现存的体制与规定，筹设台湾第一所体制外学校"森林小学"。

在教改的议题上，民间教育改革团体毫无实权，除争取向政府表达改革的方向与建议外，最多也只能采取"游走法律边缘"的方式来实现其教育理念，人本教育基金会为了追求"人本教育"的具体实践，在同一年创办了以"尊重人"为原则、"健全人"为目标成立了"森林小学"，该校的设立不仅依法无据，在师资、课程、学历颁发各方面皆不符规定，因此森林小学的成立在当时教育改革运动中造成很大的震撼，不仅造成民间团体与教育部的尖锐对立、立法院频繁谘询与声援，甚至还告上法庭，循司法程序经上诉定谳后方尘埃落定。随后影响了"毛毛虫儿童教育基金会"起而仿尤在 1994 年开办"毛毛虫亲子学苑"，之后宜兰县森林学苑、新竹县雅歌实验小学、苗栗县全人教育学校、台南县沙卡小学、高雄县锡安伊甸学园亦相继成立，这些学校都是以人本森林小学形态进行实验的学校，每校大约有数十名不等之学生各自依据自身独特的教育理念施行教育活动。显然这一时期民间与官方各自以不同的步调与方式进行著教育改革，短兵相接、势同水火。

### （四）教育改革的机会之窗与主轴：立法院全面改选与重大教育法案审议

从各项教育政策的推动和决策观之，政府当局支配管制的手段仍然存在，尤其大量的行政命令继续取代法律的订定，加上官僚体系依然便宜行事，以人治为片面的决策方式改变政策延续性更是屡见不鲜，足见"法治"在台湾教育政策制定过程中的缺位，有鉴于此，教育法制的重整与建设是贯穿台湾教育改革历久不衰的主轴。正当此时，立法院全面改选这个机会之窗的出现，打破教改政策初期的僵局。

第一届立法委员应于 1951 年届满后改选，然而依大法官会议解释，囿于历史问题的延续，全数老立委得以继续延任，从此台湾当局每年皆以"沦陷区无法改选"为由，无限期暂缓进行立法院改选，历时四十载遂被指为"万年国会"。直至 1991 年底大法官会议第二六一号解释，第一届未曾改选的资深立法委员依全数退职，于是 1992 年台湾得以首次立法委员全面改选。第二届立委的改选全面改变立法院的生态，不仅为民间教育团体另辟一个表达政策诉求的渠道，而且经过多方的努力，终于将《大学法》修正草案与《教师法》草案排入立法院审议议程，因此彻底改变政策网络的发展方向。

经上述针对社会背景、教育重大事件以及网络行动者的互动进行概括描述与评析后，本研究下一节将正式针对政策网络的互换结构进行一系列的分析。

## 二、政策网络互换结构分析：个别、对耦与结构三层次

本节拟探讨台湾教育改革政策网络的第一时期—以毛高文部长任期为范围，针对政策网络中的"互换结构"进行三个层次的分析，依序为：个别行动者所采取"行动种类"、两两行动者彼此的"对耦关系"（dyads）、行动者在整个政策网络中角色与位置的"结构对等性"（structural equivel）；其次，测算出该时期政策网络中各个行动者的中心度数高低，以呈现政策网络的权力分布状况；再次，结合前述"互换结构"的三个层次--行动种类、"二方组"互动特点以及结构对等性的数据结果，进一步与代表权力高低的"网络中心度"排名，交叉分析行动者之行动策略与网络权力之间的关连。

### （一）互换结构的初始构成：行动种类表

木研究首先从各文献所收集、录入三千多条关系数据中，将本时期八个行动者所采取的行动归类为以下十八类，并进行初步统计如表 2-1，进而统计如下。

表 2-1 毛高文部长任期行动种类统计表

| | 书面声明 | 陈情 | 发函 | 动员 | 开会 | 拜会 | 设立组织 | 演讲 | 协调调查 | 提案 | 记者会 | 委托 | 访问 | 监督审查 | 开播 | 出版 | 培训 | 控告撤销 |
|---|---|---|---|---|---|---|---|---|---|---|---|---|---|---|---|---|---|---|
| 立法院（7种） | 7 | 11 | 1 | 0 | 10 | 0 | 0 | 0 | 1 | 3 | 0 | 0 | 0 | 22 | 0 | 0 | 0 | 0 |
| 教育部（8种） | 7 | 5 | 16 | 0 | 21 | 0 | 1 | 0 | 1 | 3 | 1 | 0 | 0 | 23 | 0 | 0 | 0 | 0 |
| 教权会（11种） | 28 | 5 | 15 | 6 | 13 | 4 | 2 | 1 | 1 | 3 | 1 | 0 | 0 | 0 | 0 | 0 | 0 | 0 |
| 主妇联盟（12种） | 1 | 5 | 1 | 5 | 25 | 2 | 2 | 0 | 4 | 6 | 6 | 0 | 0 | 1 | 0 | 4 | 0 | 0 |
| 人本（17种） | 4 | 3 | 3 | 22 | 55 | 0 | 12 | 61 | 3 | 2 | 12 | 7 | 60 | 0 | 6 | 9 | 12 | 2 |
| 振铎（8种） | 1 | 7 | 1 | 12 | 0 | 0 | 0 | 0 | 3 | 0 | 0 | 0 | 0 | 0 | 0 | 0 | 0 | 0 |
| 学改会（10种） | 15 | 7 | 0 | 6 | 14 | 3 | 0 | 1 | 4 | 1 | 0 | 0 | 14 | 0 | 0 | 0 | 0 | 0 |
| 救盟（7种） | 4 | 3 | 2 | 2 | 1 | 1 | 0 | 0 | 0 | 0 | 1 | 0 | 0 | 0 | 0 | 0 | 0 | 0 |

数据来源：作者整理

1. 由行动者采取的行动种类多寡观之，立法院与教育部因法定职掌所致，所以活动种数类较为受限，各有七种与八种而已，且高度集中在法案审查、开会与接受陈情；另外，振铎实行的活动种类也仅有八种，而且都偏向于低成本的开会、陈情居多；救盟则限于活动时间较为短暂，所以采取的活动也仅有七类。另外四个行动者的活动种类就比较多，学改会（10 种）、教权会（11 种）、主妇联盟（12 种）不仅活动种类数差不多，连采取的活动性质都近似，大多采取召开记者会、设立组织、提案等等；较令人侧目的是人本基金会活动种类高达 17 种，显然人本活动力最强，也愿意从民间启蒙的立场著手多方尝试各种活动。由以上的统计资料可见，这个阶段的网络行动者各自依据不同的诉求、自身的条件尽情发挥创意，尝试多种沟通方式。

**表 2-2 毛高文部长任期行动者的主要活动类型**

| | 书面声明 | 陈情 | 发函 | 动员 | 开会 | 拜会 | 设立组织 | 演讲 | 调查 | 提案 | 记者会 | 委托 | 访问 | 监督审查 | 开播 | 出版 | 培训 | 控告撤销 |
|---|---|---|---|---|---|---|---|---|---|---|---|---|---|---|---|---|---|---|
| 立法院 | | 2 | | | 3 | | | | | | | | | 1 | | | | |
| 教育部 | | | 3 | | 2 | | | | | | | | | 1 | | | | |
| 教权会 | 1 | | 2 | | 3 | | | | | | | | | | | | | |
| 主妇联盟 | | | | | 1 | | | | | | 2 | 2 | | | | | | |
| 人本 | | | | | 3 | | | 1 | | | | | 2 | | | | | |
| 振铎 | | 2 | | | 1 | | | | | 3 | | | | | | | | |
| 学改会 | 1 | | | | 2 | | | | | | | | | 2 | | | | |
| 救盟 | 1 | 2 | 3 | 3 | | | | | | | | | | | | | | |

数据来源：作者整理

2. 行动者的活动种类多达十八类，但进一步统计每个行动者惯用行动的前三名，以进一步简化网络的主要互动形式（表 2-2），可以看出最常见的活动类型由"开会"拔得头筹，不仅高居第一位而且遥遥领先于其他行动方式，显然其成本远远低于动员社会力量如上街抗议或赶赴官方部门进行陈情抗议，且可于短时间之内与其他的行动者交换情报、表达意愿与磋商合作事宜；

其次是"发表声明"，这种方式直接面对社会大众，直接在文宣、报纸、杂志上发表声明以表达诉求和比较容易扩大影响层面；之后是"监督审查"，这项活动之所以高居第三是由于立法院、教育部基于职权必须参与，加上学改会对于《大学法》修正草案的监督频繁，因此拉高行动频次；紧接其后的是"陈情"与"发函"，因为各个行动者都是针对特定的教育问题成立团体，因而，针对特定的教育诉求是行政机关陈情是最直接的手段，而发函也是成本较低、效果较直接的一种表达诉求的方式也为民间教改团体乐于采用。

### （二）互换结构的基本系络：二方组与二方谱

除了观察行动者的互动方式之外，两两行动者之间的互动频次、强度以及方向，更是政策网络中互换结构的基本系络。在政策网络领域中，行动者之间的互动频次高，固然能加强彼此"连带强度"，但每次互动的"种类"涉及规模、有形无形的成本以及诉求的巨大差异，也会影响彼此关系的"强度"（strength）；而互动的"方向"更不容忽视，与企业共享董事的研究相反，政策参与者之间的活动往往被诉求对象（接受方）比因为有所求而发起行动的一方（给予方）握有实权，尤其是具有明确诉求的各类活动，更能凸显彼此之间权力的不平等关系。因此本研究将上述数据库"毛高文部长任期内的关系数据"，依行动的方向与活动种类予以"**强度加权**"，转换整理出一个赋予方向、不同强度数值的"有向多值"邻近矩阵，以显示出彼此的综合关系强度资料如表2-3。

**表2-3 毛高文部长任期政策网络有向多值邻近矩阵**

|  | 立法 | 教育 | 教权 | 主妇 | 人本 | 振铎 | 学改 | 救盟 |
|---|---|---|---|---|---|---|---|---|
| 立法 | - | 36 | 4 | 2 | 6 | 2 | 4 | 0 |
| 教育 | 33 | - | 13 | 8 | 9 | 7 | 5 | 2 |
| 教权 | 27 | 45 | - | 12 | 16 | 17 | 8 | 4 |
| 主妇 | 8 | 20 | 12 | - | 18 | 21 | 6 | 4 |
| 人本 | 15 | 21 | 16 | 24 | - | 26 | 6 | 7 |
| 振铎 | 9 | 11 | 18 | 21 | 23 | - | 12 | 7 |
| 学改 | 38 | 24 | 7 | 6 | 6 | 14 | - | 0 |
| 救盟 | 6 | 5 | 4 | 4 | 7 | 6 | 0 | - |

数据来源：作者整理

接下来利用"二方组"这个测度分析政策网络中行动者两两之间的互动强度与方向,这是研究政策网络中互换结构的第二个层次,也是解读网络脉动的首要任务,因为可藉此测出彼此连带关系的强弱,并据以观察个别行动者与其他行动者互动强度与方向的差异,更能展现整个网络的动态变化与彼此影响力的发散方向。另一方面,加总所有的二方组数据,加以简化形成整体互动关系比例即"二方谱",进而展现本时期政策网络的总体稳定程度。

### 1. 二方组

依据表2-3毛高文部长任期政策网络有向多值邻近矩阵的资料,分别以各个行动者为中心,提出该行动者与其他行动者间的对耦强度与方向,并据以描述分析原因。

| | | | |
|---|---|---|---|
| 立法院 | VS. | 教育部 | 33:36 |
| | | 教权会 | 27:4 |
| | | 主妇联盟 | 8:2 |
| | | 人本 | 15:6 |
| | | 振铎 | 9:2 |
| | | 学改会 | 28:4 |
| | | 救盟 | 6:0 |

立法院与教育部彼此耦合强度颇高且相当,表示互动频繁,至于与其他民间组织耦合强度则相差悬殊且明显偏低;相反,民间教育团体则采取主动,耦合强度比立法院高出许多,尤其学改会以28度、教权会以27度之强度面对立法院,但立法院则仅以4度响应之,彼此之间强烈的单向关系非常明显。整体观之,立法院与教育部之间的关系为强连带,与民间教育团体之间的关系则仅为弱连带,面对民间团体的主动接触或表达诉求,立法院的响应相对冷漠。

| | | | |
|---|---|---|---|
| 教育部 | VS. | 立法院 | 36:33 |
| | | 教权会 | 45:13 |
| | | 主妇联盟 | 20:8 |
| | | 人本 | 21:9 |
| | | 振铎 | 11:7 |
| | | 学改会 | 24:5 |
| | | 救盟 | 5:2 |

教育部与立法院的耦合相当,如上所述,主要原因是教育法规一旦送立法院审议,教育部基于职权必需主动向立法院说明报告,所以因为业务所需彼此自然保持强连带;相较之下,教育部与其他民间团体的耦合强度保持低度却平均的水平,显然教育部面对民间教育团体主动的接触与诉求,态度也是相对被动与冷漠的。

| | | | |
|---|---|---|---|
| 教师人权促进会 | VS. | 立法院 | 4：27 |
| | | 教育部 | 13：45 |
| | | 主妇联盟 | 12：12 |
| | | 人本 | 16：16 |
| | | 振铎 | 18：17 |
| | | 学改会 | 7：8 |
| | | 救盟 | 4：4 |

官方机关是这个时期教权会的主要诉求对象，立法院的 27 次也是远远高于教权会对其他民间团体的耦合强度，但是相较于该会面对教育部竟高达 45 度的惊人对耦强度，却是相差甚远，明显看出该会以直面教育部提出诉求为主要行动策略；其次对于教权会、主妇联盟、人本以及振铎几个新成立的民间教改团体，彼此的互动近乎完全对等，具有高度的互惠性，表示彼此具备强联结的关系，教权会对于学改会与救盟也显示互惠关系，但互动强度偏低。

| | | | |
|---|---|---|---|
| 主妇联盟 | VS. | 立法院 | 2：8 |
| | | 教育部 | 8：20 |
| | | 教权会 | 12：12 |
| | | 人本 | 24：18 |
| | | 振铎 | 21：21 |
| | | 学改会 | 6：6 |
| | | 救盟 | 4：4 |

不同于教权会，主妇联盟的主要耦合对象是人本与振铎，除人本之外，该会其他民间团体不论耦合度数高低，都保持对等互惠的关系。虽然不可免俗针对教育部达到 20 的单向耦合强度，但对于立法院的接触与互动却明显偏低，因为主妇联盟并非以专业教育而成立的团体，对于立法院审议中的教育法案，一般较无互动的机会。

| | | | |
|---|---|---|---|
| 人本教育基金会 | VS. | 立法院 | 6：15 |
| | | 教育部 | 9：21 |
| | | 教权会 | 16：16 |
| | | 主妇联盟 | 18：24 |
| | | 振铎 | 23：26 |
| | | 学改会 | 6：6 |
| | | 救盟 | 7：7 |

人本教育基金会在成立之初的最佳合作伙伴是振铎学会与主妇联盟，以三者耦合强度观之，彼此形成铁三角，振铎略强于人本，而人本略强于主妇联盟，换言之，人本需要振铎的教育专业，而主妇联盟则需要人本广泛的基层支持者。显然教育部的决策权力使之自然成为人本的诉求对象，其次则为立法院，至于对学改会与救盟之耦合度数则相对偏低，但仍保持互惠关系。

| 振铎学会 | VS. | 立法院 | 2：9 |
|---|---|---|---|
| | | 教育部 | 7：11 |
| | | 教权会 | 17：18 |
| | | 主妇联盟 | 21：21 |
| | | 人本 | 26：23 |
| | | 学改会 | 14：12 |
| | | 救盟 | 6：7 |

| 大学改革促进会 | VS. | 立法院 | 4：38 |
|---|---|---|---|
| | | 教育部 | 5：24 |
| | | 教权会 | 8：7 |
| | | 主妇联盟 | 6：6 |
| | | 人本 | 6：6 |
| | | 振铎 | 12：14 |
| | | 救盟 | 0：0 |

| 救救下一代联盟 | VS. | 立法院 | 0：6 |
|---|---|---|---|
| | | 教育部 | 2：5 |
| | | 教权会 | 4：4 |
| | | 主妇联盟 | 4：4 |
| | | 人本 | 7：7 |
| | | 振铎 | 7：6 |
| | | 学改会 | 0：0 |

振铎学会与教育部、立法院仅保持耦合强度并不高的状态，避开与官方机关正面挑战或接触是其主要的行动策略，非常不同于其他民间教育团体。其主要的合作对象为人本与主妇联盟，彼此间维持高强度耦合且互惠之关系；另该会教育专业的强项使之与监督修法的学改会出现较强的互动关系。

鉴于本时期《大学法》草案已送至立法院审议，因此学改会的主要活动与诉求对象绝大部分都在立法院，因此该会对立法院的耦合强度高达38度，远远高于与其他网络行动者的互动；第二高强度则是教育部的24度，除与振铎学会基于教育专业保持不错的互惠关系之外，学改会对于其他的民间教育团体互动甚少，救盟甚至毫无接触。

由于救盟是由教育与社会福利团体依据"共同议题"所成立的联盟型组织，所以与网络中其他行动者耦合强度明显偏低，但也因为共同的议题而使之与其他教改团体保持对等互惠关系，与专注于大学改革的学改会则毫无互动。

## 2. 二方谱（M, A, N）-（7,20,1）

两个行动者可能存在的关系只能有三种：对耦强度一致的"互惠对"（1,1）；对耦强度不一致的"不对称对"如（0,1）或（1,0）；毫无互动的"虚无对"如（0,0），称之为三种同类构。互惠对 M（mutual）、不对称对 A（asymmetric）、虚无对 N（null）共同标记为 < M,A,N >，用以统计网络中所有行动者可能存在的二方关系数称之为"二方谱"，由二方谱可以直观网络行动者的总体互动状况。本时期八个行动者二方组进行同类构统计化约后，互惠对、不对称对、虚无对的比例为 7：20：1。造成网络不稳定的不对称对比例高达 20，远远高于稳定的互惠对与虚无对总和。由此可以判断本时期教改政策网络是相当不稳定的，行动者之间彼此互信不足，尚处于摸索的阶段。

### （三）互换结构中的位置与角色：结构对等性

西方社会主要以法律规则作为整合及解决冲突的基础，而中国社会则偏好以人际关系网络为基础，在这种注重人际关系的社会结构中，并非每个成员都能获得均等的机会，尤其在政治场域中强势群体对社会资源的掌握或人际渠道的运用总是占尽先机，所以强调人际关系网络的社会往往蕴含更深一层的"结构性不平等"，在相对缺乏规则的社会空隙中各群体为达到目标，集体的"势"（集体行为）便会成为主要的策略性手段[14]。

从网络的视角观之，行动者的权力并非单纯来源于自身的特质，反倒是源自人我关系模式，行动者镶嵌在复杂关系网络，在受限于网络的同时也能从中攫取机会与资源，因此所处的位置便至关重要，当行动者位于网络的中央位置，拥有较多与他人联系的渠道，必然拥有较多的机会接近资源或选择机会，所以拥有相对较高的独立性，这些网络特征正是获取权力的必要条件[15]。行动者所采取的具体行动方式固然能提供最直观的网络互换结构，行动者之间的对耦互动强度与方向能彰显互换结构的动态变化，然而进一步洞察行动者在网络结构中的位置或所扮演的角色、网络互动模式与行动策略，便需要分析政策网络的结构对等性。

网络结构对等性之测算方式必须先从每个行动者与他者之间的整组关系讯息入手，称之为关系截面（profile），亦即单一行动者与其他人的关系数据所形成的向量，比如立法院的关系截面是{0,36,4,2,6,2,4,6}。当两个行动者的关系截面越类似，彼此在网络的位置就越相似，在网络结构上便越对等。本研究必须得知行动者之间在多大程度上对等（即扮演相同的角色），因此首先通过表 4-3 有向多值邻近矩阵中"行"与"列"的关系数据，运用 ucinet-6 软件中的"皮尔森相关系数法"（Pearson's correlation ）测算彼此的关系截面相似性，因为该法能分析出行动者间的"关系强度"，而不只是展现关系的"有无"而已，经过测算之后据此建立一个结构对等性的矩阵（如表 2-4），分析两两行动者关系截面之相似程度。皮尔森相关系数的取值范围是[-1,1]，如果彼此相关系数越接近 1 表示二者与其他行动者关系越相似，网络结构越对等；越接近-1，表示二者与其他行动者关系越相反网络结构越不对等，关系数为 0，则无助于了解彼此的关系截面。

**表 2-4 毛高文部长任期有向多值结构对等性的矩阵**

Pearson Correlation/Structural Equivalence Matrix（毛高文-有向多值）

| | 1.<br>立<br>法<br>院 | 2.<br>教<br>育<br>部 | 3.<br>教<br>权<br>会 | 4.<br>主<br>妇<br>联<br>盟 | 5.<br>人<br>本<br>基<br>金<br>会 | 6.<br>振<br>铎<br>学<br>会 | 7.<br>学<br>改<br>会 | 8.<br>救<br>盟 |
|---|---|---|---|---|---|---|---|---|
| 1. 立法院 | 1.00 | 0.78 | 0.44 | -0.01 | -0.18 | -0.20 | 0.48 | -0.35 |
| 2. 教育部 | 0.78 | 1.00 | 0.24 | -0.12 | -0.09 | -0.08 | 0.37 | -0.19 |
| 3. 教权会 | 0.44 | 0.24 | 1.00 | 0.60 | 0.58 | 0.14 | 0.78 | 0.54 |
| 4. 主妇联盟 | -0.01 | -0.12 | 0.60 | 1.00 | 0.96 | 0.80 | 0.24 | 0.85 |
| 5. 人本基金会 | -0.18 | -0.09 | 0.58 | 0.96 | 1.00 | 0.69 | 0.39 | 0.88 |
| 6. 振铎学会 | -0.20 | -0.08 | 0.14 | 0.80 | 0.69 | 1.00 | -0.09 | 0.62 |
| 7. 学改会 | 0.48 | 0.37 | 0.78 | 0.24 | 0.39 | -0.09 | 1.00 | 0.35 |
| 8. 救盟 | -0.35 | -0.19 | 0.54 | 0.85 | 0.88 | 0.62 | 0.35 | 1.00 |

数据来源：作者整理自 ucinet-6

从表 2-4 相关系数矩阵资料可以发现，主妇联盟与人本的结构对等性最相似，彼此相关系数高达 0.96 度；立法院与救盟的结构对等性差异最大，彼此相关系数仅-0.35 度。此矩阵虽然包含所有行动者间的相似性信息，但仍难以直观看清哪些行动者更近似，因此再进行"聚类分析"（cluster analysis），得出图 2-1 的结构图，以提供更清晰、更直观的认识。

图 2-1　毛高文部长任期有向多值结构对等性聚类图

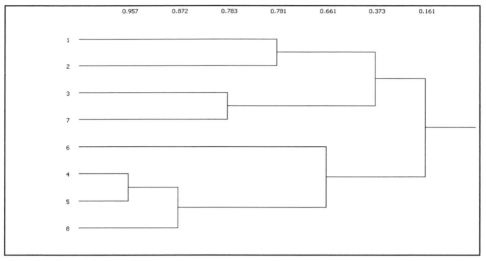

数据来源：作者整理自 ucinet-6

　　在相似系数高达 0.957 度水平时，8 个行动者被分为 7 组，因为 4 号主妇联盟与 5 号人本的关系截面一致，表示两者与其他行动者的关系强度与互动频次近乎相同，且二者在网络结构上的位置相同，所以角色可以相互替代。在相似系数 0.872 度的水平时，8 个行动者进一步被分为 6 组，因为 8 号救盟与 4 号主妇联盟、5 号人本基金会的关系截面一致，因此这三个行动者的位置被认为一致，扮演同样的角色。然而在相似系数 0.783 度的水平时，除前述的三者合一外，在这一层次 3 号教权会与 7 号学改会的关系截面显示一致，二者位置相同，表示在网络扮演相同的角色，因此 8 个行动者被分为 5 组…依此类推之后，随相似系数逐渐降低，网络的位置或角色数量将趋于减少，直至最后在相似系数 0.161 度的水平时，8 个行动者完全合而为一，占据单一的位置且扮演单一的角色。

　　因为在相似系数越高水平时关系截面一致者，表示彼此对于其他行动者的关系强度、方向与互动频次越类似，可推论彼此所采取的行动策略越相似，与外界的互动模式越类似，也可能彼此镶嵌程度较深。反之，相似系数越低的水平关系截面一致者，表示彼此的行动策略或行动模式差异性较大。此外，6 号振铎学会至某低度相似水平才与其他行动者截面一致，则表示其行动策略与众不同，可能扮演极其独特的角色或成为网络孤立者。

　　综合以上三种测度分析本时期台湾教育改革政策网络的互换结构，可得出以下四项发现：

1. 相似系数最高的主妇联盟与人本之二方组分析，对于官方行动者（教育部与立法院）都出现高度落差的耦合强度，对于教权会、振铎以及对方都保持高强度的互惠关系，同时对学改会及救盟则明显持低度互惠关系。所以主妇联盟与人本虽然所采取的行动种类并不相同，然行动策略却非常相近，究其原因可能是二者的成员以家长居多，不像教权会与振铎由中小学教师所组成，所以关心教育问题相近、观察教育环境的视角类似，这些都是造成两个团体在政策网络的互动中采取相近的行动策略、扮演类似的角色、占据类似位置的主因。救盟属于"结盟性质"的团体，而主妇联盟与人本正是当年号召成立救盟的发起者，因此救盟与之行动策略相似，因此在次一级相似系数与二者一致。

2. 在相似系数第三层达成一致的是教权会与学改会，乍看之下两者互动强度并不高所以来往并不密切，然而从二方组资料分析发现两者最突出的共同点在于积极直面官方机关表达政策诉求。教权会对于教育部的冲突是正面而尖锐的，"刻意歧视排斥，甚至阻止本会代表的发言，特提出严正抗议教育部排斥本会参与《高中课程标准总纲草案修订意见座谈会》"[3]；学改会的诉求对象则为立法院，"学改会同事其实很清楚在一个泛政治化的社会里，唯有激越的政治主张、强烈的抗争手段，更能凝聚注目的焦点，争取狂热的支持。……惟以教育改革为其坚持目标，成为必然的立场。……立院审议《大学法》期间，各校教授轮流赴立法院旁听，和关心的立委磋商并定期举办评议会"。[4]这两个组织的成员都是教师，教权会大多由"被剥削感"较强的中小学校师所组成，而学改会由台大牵头一群具有鲜明政治主张的教授所组成，所以两者所采取的行动策略因此不谋而合。

3. 另一组相似系数一致的是教育部与立法院，由于二者必须执行法定任务，因此所采行的活动种类明显较为固定，大多为审查法案、召开听证会。二方组资料显示与其他行动者出现高度不对称的对耦关系，显示这两个官方行动者面对民间教改团体的积极诉求同样以消极与冷漠回应之，印证网络中权力越大之行动者越无意与其他行动者沟通或合作，尤其二者之"官方"性质使其拥有丰富的法定决策权限与政治资源，当然成为网络中其他行动者争取支持或争夺资源权力的对象。

4. 网络结构位置最特殊的是振铎学会，该会是一个以改良教育理论与实务为目标的小团体，由于规模与资源较为稀缺，所以振铎以低成本的开会、

---

3　教师人权.1991.4（34），21.

4　学改会讯.1990（6），26-28.

书面陈情等方式发挥教育专业，由二方组资料显示振铎面对教育部与立法院仅保持低度的耦合关系，但主要的合作对象为人本与主妇联盟，彼此间维持高度耦合且互惠关系，因此其行动策略明显不同于其他民间教育团体，反倒避开与政府部门正面挑战，这完全符合振铎成立之初期许自身于"体制内"改良教育环境的初衷。另该会标榜教育专业，故致力于教育法案的研究与提案，因此与监督修法的学改会有著较强的互动关系。

　　上述对结构对等性测算不仅有助于呈现整个网络结构的形构（configuration），同时更能具体分析每个行动者在政策网络结构中的位置与角色，还能依据结构位置的相似程度进行网络结构的"简化"，更清晰看出网络结构的基本关系与特色。由图 4-1 本时期的结构对等性聚类图中可发现，在相似系数 0.661 与 0.373 之间出现较大的"自然断裂"，这种断裂是作为网络结构简化的最佳分割处，亦即这个巨大的间距显示角色之间的差别，因此以相关系数 0.661 层级作为简化标准时，本政策网络的基本角色共分成 3 类（见图 2-2）：第一个类型是"消极应对型"，由教育部与立法院组成的"官方代表"；第二类型是"直面挑战型"，是教权会与学改会两个直面挑战公权力与政府对策的教师团体；第三种类型则是"迂回合作型"，由主妇联盟、人本、救盟及振铎所组成，以发挥合作的行动策略、枳蓄资源以争取各自的政策诉求。

图 2-2 毛高文部长任期政策网络之角色简化类型图

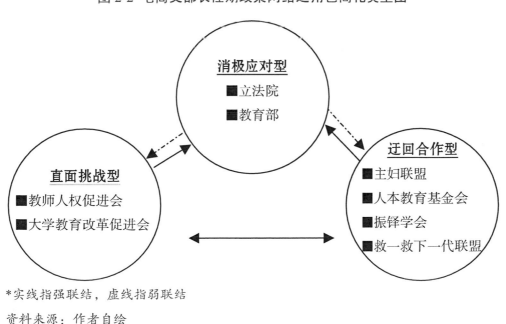

*实线指强联结，虚线指弱联结

资料来源：作者自绘

承上所述，针对毛部长主政时期台湾教育改革政策网络分别从个别行动者所采取"行动的种类"、两两行动者间的"对耦关系"、行动者在整个政策网络的角色与位置的"结构对等性"三个层次交叉分析，总结出本时期的政策网络中"互换结构"的特征与个别行动策略之后将进一步探讨政策网络的"动因结构"。

# 三、政策网络动因结构分析：行动者与制度的交会

政策的网络化是由行动者以关系连带动员社会资源所形成的互动机制，并藉以面对实际政治、经济、社会和文化等制度环境，在政策网络中行动者为了生存、提升自身掌控资源或他人的能力，往往会先行审度自身的条件并评估所处的环境，继而采取相应的行动或策略，因此必须从行动者与制度两个层面分析影响网络变化的动因结构。

## （一）网络互换结构之动因分析

"动因结构"影响行动者如何判断局势，并触发行动者进一步设计行动策略、选择所采取的行动，动因结构与互换结构的相互牵动不仅交织成网络成员的行动场域，更是形塑网络形构（configuration）的动力，时时刻刻改变网络中各行动者的中心位置，进而改变彼此的权力关系。所谓动因结构是指网络行动者抱持不同的政策诉求，与制度环境相互抵触、融合所形成的动态关系，动因结构可来自"内生"因素，如政府部门的业务执掌、民间团体的设立宗旨以及政策偏好，属于行动者所具备的动机，另一部分则来自"外生"因素，指现有法律规定与社会规范、重大社会事等制度环境所产生的动因。本节拟依据互换结构三层次--行动种类、对耦关系、结构对等性--的分析中，提演绎归纳出互换结构背后深层动因。

### 行动种类

（1）法定职掌是决定官方行动者行动种类的重要因素，相较于民间教改团体，官方行动者基于依法行政原则、政策遗绪以及科层体制的制约，面对政策网络中的其他行动者所采取的行动种类较为受限，因此本时期网络中的立法院与教育部活动种类较少，且高度集中在法案审查、开会与接受陈情。

（2）在网络形成之初总体行动种类较多，主要是因为网络行动者彼此认识不深，因而依据各自诉求与条件尝试多种沟通方式以降低不确定性，加上彼此未必具有足够的交往经验与信任，加上成本的考虑因此"开会"便成为

最常见的活动类型，由于开会是提供彼此交换情报、表达意愿与磋商合作的便捷渠道，所以发生次数不仅高居第一位且遥遥领先于其他行动方式。

（3）教育理念是各行动者成立的根本依据，宣扬理念也是最重要的组织目标，因此民间教改团体在成立初期，争取社会大众的支持、强化本身的合法化成为攸关生存的首要任务，纷纷在文宣、报纸、杂志上发表声明与诉求，直面大众宣扬理念是扩大影响层面的重要手段，因此"发表声明"在所有行动种类的次数上占据第二高位。

（4）启蒙群众是人本特殊的组织目标与行动策略，因此该会所采取的活动种类高达 17 种位居网络之冠，该会企图以多种活动方式深入民间各阶层向群众宣扬其教育理念。此外，该会除活动种类多元外接触的社会层面广度以及深度都较其他行动者为大，一方面展现出该会活动力之充沛，另一方面该会有序开展群众支持并扩大资源的策略格外明确。

（5）争议性教育政策与事件如大学生发起三月学运、民间团体举办教育会议、筹设第一所体制外之森林小学、推动"国中（初中）生自愿升学辅导方案"等重大事件涉及的教育政策，都引发民间教育团体热议并各自采取行动表达诉求，因此频频开会共商大计，无形中增加彼此之间的沟通渠道与互动机会。

（6）本时期由于《大学法》修正草案与《教师法》草案两大法律案终于排入议程，立法院如火如荼进行审议工作，因此"监督审查"这项活动次数高居第三，除立法院与教育部因法定职掌必须密集参与之外，学改会以及振铎学会对于教育法案修正审议的关注都拉高监督审查的活动频次。

（7）立法院首度全面改选，诸多新科立委的加入造成组织成员的大幅改变，组织权力结构与组织文化势必将随之变化，所以立法院政治生态之转变将提供民间教改团体新的活动舞台与竞争场域。

**对耦关系**

**（1）连带强弱**

A. 立法院与教育部互动强度高且互惠因此保持强连带关系，除因为法定职掌使双方必须定期互动之外，许多学者研究发现行动者彼此组织文化、组织控制系统（科层体制）各方面同质性越高，越有利于沟通并预期对方行为进而有助于互动与合作（Tsui & O'Reilly, 1989; Wagner, Pfeffer, & O'Reilly, 1984），因此立法院与教育部这两个同时具备官方性质的行动者，彼此容易形成强度既高且对等的互动关系。

B. 教育部与立法院基于科层体制的影响，往往形成政策遗绪仅以照章办事的态度面对民间教改团体的积极诉求，即使激起民间教改团体更大的反弹与反动，彼此关系依然仅为弱连带。

C. 由于政策网络形成初期正值政治开放，民间教改团体彼此都进行试探性的接触，因此互动各有强弱，其中因为主妇联盟动员经验丰富、人本善于策略谋划及振铎具备教育专业性，导致三者出现功能性的连带关系，因组织绩效（performance）互补而出现较高且相当的对耦强度，亦即高度互惠（reciprocity）关系；其余民间教改组织如教权会、学改会与救盟仅出现弱连带。

（2）发散方向

A. 民间教育团以各种不同方式向两个官方行动者表达诉求与陈情抗议，显示这时期法定权威（authority）被网络行动者认定为权力（power）的同义词。

B. 解严之初民间教育团体不免以解除威权强制为首要任务，因此纷纷以挑战官方威权为主要行动策略，尤其教育部对于教权会出现异常高度的对耦强度，肇因于教权会成员大多为曾与校方发生冲突的"问题教师"，因此该会的组织成员具较高的被剥夺感，使之屡次采取单向挑战教育部的行动方式。

### 结构对等性

（1）结构对等性最高的两组都具备成员相似性的特征：其一，主妇联盟与人本大多是由家长所组成，彼此对教育问题关注点相近；其二，教权会与学改会之成员分别为中小学教师与大学教师，教师长年的职业规范导致其行动策略的相似性。

（2）救盟与主妇、人本之所以策略相似，源于后二者正是救盟成立的主要发起人之一，三者间的组织邻近度（proximity）极高，加上救盟的重大教育决策都是由主妇联盟与人本所主导，所以结构对等性自然相近。

（3）教权会与学改会彼此的对耦强度并不高显示互动并不频繁，然而这两个组织政治立场相近，对于政治力的强烈排斥影响其政策视角，所以不约而同采以直面挑战官方部门为主要策略，导致结构对等性的相似。

（4）拥有法定权限致使教育部与立法院坐拥政治资源以及较高的地位，地位权力不对等使之漠视民间教育团体诉求。

（5）振铎经过成本考虑明白自身专业资源强于经济资源的现实，加上期许自身于"体制内"改良教育的原则，因此采取异于其他行动者的行动策略，刻意避开与官方部门正面挑战而转以提供教育专业与其他民间教改团体维持高效的互惠关系。

## （二）政策网络之动因结构

鉴于"动因结构"影响行动者如何判断局势并触发行动者进一步设计行动策略、选择所采取的行动，综合上述影响政策网络互动与变迁的特定因素与特征，整理出本时期"动因结构"如表2-5。

**表2-5　毛高文部长任期政策网络之动因结构**

| 交互换结构／动因来源 | 行动者因素 | 制度性因素 |
|---|---|---|
| 行动种类 | 法定职掌、组织控制、成本考虑、组织目标、开拓资源、加强合法性、降低不确定性、信任、行动策略 | 政策遗绪、社会事件、法制程序、体制变更 |
| 对耦关系 | 法定执掌、成员特质、绩效互补 | 政策遗绪、法定权威 |
| 结构对等性 | 成员特质、组织政治立场、资源需求、组织邻近度 | 地位权力不对等 |

资料来源：作者自制

足见本时期影响互换结构的深层动因中行动者性因素略多于制度性因素，而行动者因素中组织本身的先决条件，如成员特质（成员的政治立场、身分等）、组织目标（法定职掌、政策诉求等）以及组织控制（科层体制）为关键因素，动机（成本考虑、加强合法性支持、开拓资源等）居次，再其次为能力（绩效表现、专业能力）。制度性因素主要有三类，一是刚性制度规定，如法制程序、法定权威；其次为组织行事惯例与规范，如政策遗绪；再其次则源于重大事件的发生所导致网络环境变化，以上来自不同层次的因素共同构成动因结构并进而带动本时期网络变化。

# 四、政策网络的权力分布：中心性之分析

本研究拟再度利用表4-1有向多值邻近矩阵数据结合社会网络分析技术，测算中心性（centrality）以衡量行动者的影响力大小，之后将上述数据输入社会网络分析软件 UCINET-6，以路径 Network>Centrality>Degree 得出八个行动者中心度数以及排名整理如表2-6并进行分析。

1. 在毛高文部长任内台湾教育改革政策网络中的八个主要行动者中，教育部的中心度数最高、其次是立法院，两者中心度数遥遥领先，尤其是教育

部的 45.000 几乎整整高于其他行动者的中心度数一倍，这结果完全符合台湾 90 年代以前的威严统治传统模式，即正式的法定权威与网络互动所产生的实质权力相一致，政府部门依然完全掌控整个教育改革政策网络的权力与资源，尤其行政权力更是远远高于代表民意的立法权。

表 2-6  毛高文部长任期行动者中心度及排名

| 毛高文部长任期 | | |
|---|---|---|
| 编码序号／行动者 | 中心度 | 排　序 |
| 1　立法院 | 37.778 | 2 |
| 2　教育部 | 45.000 | 1 |
| 3　教师人权促进会 | 20.556 | 6 |
| 4　主妇联盟 | 21.389 | 5 |
| 5　教育人本基金会 | 23.611 | 4 |
| 6　振铎学会 | 25.833 | 3 |
| 7　大学教育改革促进会 | 11.389 | 7 |
| 8　救一救下一代联盟 | 6.667 | 8 |

数据来源：作者整理

2. 除教育部与立法院之外的六个民间教团体，其中心度数可明显分为两大集团：一是以振铎为首的教权会、主妇联盟与人本，此四者彼此的中心度数相差不远都在 20 度与 25 度之间，显示彼此掌控资源的能力与实力旗鼓相当，这个分布正符合结构对等性的分析结论，大多是"迂回合作"的类型成员，其中教权会虽然属于"直面挑战型"的角色，但观察其二方组可以发现，不同于学改会之处在于该会虽然屡屡正面冲撞教育部，但同时与其他团体保持高强度的互惠性，因此其中心度数排名虽仅为第六，其度数与振铎、主妇联盟、人本不相上下；另一是多年来为大学自主到处宣扬奔走的学改会在网络中扮演"直面挑战"立法院的角色，漠视其他教改团体所关注的议题，所以与其他行动者的互动频次、强度都偏低，造成该会中心度数明显落后其他行动者，仅能领先成立较晚而敬陪末座的救盟。

# 五、综合分析与小结

## （一）政策网络互换结构、动因结构与权力综合分析

本节拟结合本时期政策网络中"互换结构"三层次，观察如何与"动因结构"相互作用进而影响网络中心度排名（如表 2-7），并以结构类型为切入点综合分析本时期的网络形构与动态特征。

**表 2-7 毛高文部长任期互换结构、动因结构与权力综合分析表**

| ACTORS | | EXCHANGE STRUCTURE | | | INCENTIVE STRUCTURE | | CENTRALITY |
|---|---|---|---|---|---|---|---|
| | | Activities | Dyads (M, A, N) | Structural Equivalence（types） | | | |
| 毛高文部长 | 立法 | 法案-陈情-开会 | | 消极应对型 | 制度性 | 法制程序 | 2 |
| | 教育 | 法案-开会-发函 | | 消极应对型 | | 政策遗绪 | 1 |
| | 教权 | 声明-发函-开会 | | 直面挑战型 | | 法定权威 | 6 |
| | 主妇 | 开会-提案-记者 | 7:20:1 | 迂回合作型 | | 社会事件 | 5 |
| | 人本 | 演讲-访问-开会 | | 迂回合作型 | 行动者 | 组织控制 | 4 |
| | 振铎 | 开会-陈情-提案 | | 迂回合作型 | | 成员特质 | 3 |
| | 学改 | 声明-监督-开会 | | 直面挑战型 | | 组织目标 | 7 |
| | 救盟 | 声明-陈情-发函 | | 迂回合作型 | | 能力 | 8 |
| | | | | | | 动机 | |

资料来源：作者自绘

### 1."消极应对型"：立法院、教育部

此二行动者之组织特质都隶属官方部门，自然依据组织目标亦即法定职掌照章行事，因此行动种类都以法案审查居首位，彼此耦合次数与强度也因此颇高，同时基于行政权力与的立法权限之差异，除开会之外面对民间教改团体以不同方式表达诉求时，二者则分别以发函与陈情回复民众，然而本研究发现立法院与教育部往往以法定程序为名，承续威权时代的政策遗绪行事，全然漠视民间的要求，两者在政策网络中都拥有足够的权力以维持完整的独立性与保障，尤其是行政部门向来比立法部门拥有更多的人力、专业资源，致使教育部在政策网络中之中心度高于立法院，分别高居第一与第二，显示台湾解严之初在教育决策过程中官方部门依然大权在握，官本位陋习依旧。

## 2. "直面挑战型"：教权会、学改会

此二行动者之成员特质是影响其行动策略的关键因素，两会的成员都是由校园中坚持校园自治、教师自主、反对政府管制的教师所组成，教权会成立之初标榜"反学术政治迫害、受压迫教师大集合"，其诉求对象相当明确地设定为教育部，对于遭受不公或是剥夺感较重的老师极具号召力；由各大学教师所组成的学改会则是最为"资深"的教育团体，早在1982年就开始间接参与大学生一连串的校园民主化运动与大学教育改革抗争，所以学改会不仅成员单一而且为求《大学法》的修正案通过，所以该会以立法院为诉求标的团体。

正因二者组织目标明确、成员同质性高，造成政策视角僵化、行动策略缺乏弹性，所以仅以挑战政府权威为行动主轴，针对特定部门频频采取单一却高强度的行动方式，如发函教育部抗议、赴立法院监督法案审查。此外二者的教育诉求皆具有高度的政治性，并采取直接对立的方式以争取政策诉求的胜出机会，导致二者在政策网络的排名偏低，仅位居第六与第七，显示行动者自强烈的政策诉求出发，不考虑当时的政策环境与气候，又缺乏灵活多样的行动策略配合，在政策网络的权力博弈中是难以胜出的。

## 3. "迂回合作型"：主妇联盟、人本、振铎、救盟

相对于上述直面挑战型，这四个行动者所采取的行动策略相对温和且迂回，首先，这类行动者组织成员差异大且各有不同的政策需求，因此采取不同的行动策略以推展自身的教育理念。然而基于成本与组织目标的差异，所采取的行动种类可谓异彩纷呈，至于冲突性较高的动员、陈情或直接监督较为少见，反倒是协调性、互惠性的开会、声明是其最常见的手段，所以除了救盟因为成立时间较晚之外，其余三个行动者在政策网络的中心性排名各居第三、第四与第五，反倒高于直面挑战的教权会与学改会，显示在这时期的政策网络尚处于发展初期，新进网络成员以摸索、学习、尝试为主要动机与行动特征，在威权体制刚转型的制度环境中，迂回合作的行动策略显然要比直面冲撞者占据优势。

由以上分析发现本时期处于网络发轫阶段，由于行动者对于政策网络环境陌生，造成彼此认识与互信不足，独自摸索之余相互学习是当急之务，所以本时期总体政策网络的特征是角色单纯、活动多样，但权力极其不对等，因此相当不稳定。

### （二）小结

#### 1. 台湾解除戒严令是促成台湾教育改革政策网络形成的重要政策之窗

John Kingdon（1995）提出政策之窗的形成与转变与三股势力有关，分别为问题流（problem stream）、政策流（policy stream）和政治流（political stream）[5]，当它们汇集相互影响之际就是政策转变的最佳时机。台湾数年威权治理特质已酝酿教育不公等等问题，当1987年正式解除戒严令这个政策之窗的出现后，加上后续《人民团体法》的出台，使得台湾民众得以依法申请成立各种教育团体表达各自不同的教育理念与立场，台湾教育改革政策网络因此得以形成。

#### 2. 网络形成初期行动者的特质如成立宗旨、教育理念或是法定职掌等起著主导作用，各自以多方尝试为主要的行动策略

本时期处于网络发轫阶段，行动者对于政策网络环境的陌生感造成彼此互信不足，民间教育团体成立之初纷纷以表达自身成立宗旨、教育理念、政策偏好为行动主轴。教育部毛部长行事作风突出带领教育部主导整个政策网络的发展方向，同时也引导其他行动者的行动方式、种类甚至行动策略。在多方摸索尝试之余，部分民间教改团体意识到相互学习是当务之急，所以本时期行动者方面主要是以成本考虑、成员特质、政策视角、组织目标、政策学习、争取支持等为主要因素，在制度性动因方面主要受到法制程序、政策遗绪、法定权威、社会事件这四项因素影响。

#### 3. 教育部与立法院的网络中心性位居前列，显示网络权力与法定权威相符合，同时网络权力不对称造成总体网络的发展不稳定

中心度测算出行动者的网络权力排名结果依序为：教育部、立法院、振铎学会、人本基金会、主妇联盟、教师人权促进会、大学教育改革促进以及救一救下一代联盟。显示本时期始于台湾解严之初，因此行政权力依然强大，丰富的行政资源、不容挑战的法定权威都使得教育部依然位高权重，对于民间教改团体的诉求不屑一顾；而立法院的万年民意代表依然扮演著政策程序

---

5　John Kingdon 在垃圾桶决策模式中提出四股力量：问题（problems）、解决方案（solutions）、参与人员（participants）和决策的机会（opportunities），其中最后一股为政策之窗（policy window）.而政策之窗的形成与转变与三股势力有关，分别为问题潮流（problem stream）、政策潮流（policy stream）和政治潮流（political stream），当它们汇集时相互影响，此时就是政策转变最佳时机.

中橡皮图章的角色以坐拥法定权威与权力，显示台湾教改政策网络初期官方与民间的权力分配是悬殊的、极不对称的，官方部门大权在握而民间行动者采行迂回合作的行动策略比直面冲撞者占居优势。

# 第三章　百家争鸣、联合纵横时期
（1993-1996）

本时期的政策网络从郭为藩部长 1993 年出掌教育部开始，一直到 1996
年卸任为止，郭部长任内正处于台湾教育环境变化最剧之际，当时体制外
有"四　○教改大游行"，体制内则有"行政院教育改革审议委员会"的设
立。郭部长外表保守，"从上任以来每每遇到请愿抗议的团体求见，不是避
不见面就是三言两语敷衍了事"[1]，而辅佐他的副部长与各司司长泰半毕业
自师范校院，因此当时有"师大教育部"之讥，加上当时教权会与人本间
激烈的"教育体系内外"之争，更使得郭部长的专业背景与教育团队饱受
抨击，"教育部的说帖和种种作法对主张教育改革人士来说，几乎完全没有
说服力，政府所进行的教育改革计划也几乎完全不为民间所肯定"。[2]这时
期新任"行政院长"连战正是因应日益高涨的民意，将教育改革列为其四
大施政重点之一，因此力邀教育专业背景与经验丰富的郭部长入阁，照理
说专业团队应该对于台湾教育改革的推动大有帮助，然而没想到竟适得其
反，激起民间的对立与抨击，"此时教育部几乎不再是被请愿的对象，而是
被抗争的对象"[16]。

其实以上冲突源于解严前后社会普遍的政治反抗情绪，民众认为社会问
题是由国民党的威权政治所造成的，只要政治实现转型其他问题自然迎刃而
解，教育改革当然也不例外。民间教改团体即使教育诉求各自不同但或多或

---

1　人本教育札记.62,15.

2　教师人权.1994.6,2.

少具有反政治特质，尤其民间教改团体与民进党歃血为盟，积极发动政治抗争是主导本时期政策网络发展的主路线。对执政当局而言，解严是迫于无奈，然而政治自由化的脚步一旦迈开，其前进的步伐或范围将很快冲破执政者所划定的底线，这正是执政当局最不乐见的。所以本时期教育部曾采取一系列的强硬行动反制民间的激烈抗争，企图重振往日的绝对权威与权力，但是最终不敌民间社会对台湾教育改革的强大企求。

# 一、本时期政策网络背景

　　1992 年 12 月"立法院"全面改选，次年 2 月第二届"立委"的就职标志著台湾正式迈入民主政治的阶段，其中关键在于民进党于立法委员选举中争取多个立委席次，正式获得参政的门票，政党竞争的民主政治形态给教改团体带来前所未有的政治机会，同时民进党在政治民主化时期开始转型，为了早日实现执政目标必须尽可能地壮大自身的民意基础，因此与民间教改团体一拍即合，政治板块的挪移不仅对台湾民主化进程影响深远，也导致教育改革政策网络的发展大幅转向。

　　在前时期所成立的教育改革团体由于彼此诉求互异加上互动极少，因此倡议改革的力量极为薄弱，于是 1994 年起民间教育改革团体开始四处串联以寻求结合的机会，自此打破长期以来教育问题由政府专断解决的局面。政策网络发展至本时期，通过结社游说影响法规制度和公共政策过程成为重要的行动模式，换言之，解严之初的各类社会运动在本时期已逐渐从直接的"反支配"的抗争转移到提出具体政策以开展与执政当局的对话，这种策略的转变同时培养造就一批专业社运团体的人才，这是本时期政策网络的另一个重要发展特征。

## （一）教育改革全面登场：四一〇教改大游行

　　教育制度僵化依旧、教育环境持续恶化，加以民间教育改革团体陆续成立并提出各种改革诉求却未能获得政府善意回应而进行根本的改革，终于引发各界关心教育改革的团体彼此之间大串联，举办游行活动来促使政府对教育改革的重视。1994 年 4 月全台 90 多个民间社团共同发起"四一〇教改大游行"明确提出四大诉求——小班小校、广设高中大学、订定《教育基本法》、教育现代化——便深具意义，当时"许多从事教育改革的工作者，皆认为教育改革的契机已经到来，因为民意已在教育改革上展现强劲的势头，而民意则是唯一能让当政者有所警惕的利器"。[3] "教育改造四一○全民大结合"这个社会运动不但试图结合民间力量，更企望在过程中能使全民对于教育改革的意识有所觉醒，发动这种大规模却井然有序的游行，显示台湾民间教育团体经过数年的历练，对于动员技巧已日臻成熟且带动社会力量与社会资源已经不容小觑。

### （二）官方与民间的大对决：第七次"全国"教育会议 vs. 六二三民间教育论坛野台

台湾当局历经近十年的社会运动洗礼，终于领悟今后必须面对政经结构的剧变，然而教育改革步伐拖沓如昔引发民间教改团体的不耐，继而加速串联以带动全民参与的热潮，在相互磨合的过程中冲突在所难免，其中双方最激化的冲突便发生于1994年的第七次"全国"教育会议期间。

郭部长上台为缓和民间来势汹汹的改革力量，决定于1994年6月召开第七次"全国"教育会议，主题为推动多元教育、提升教育品质、开创美好教育远景以宣示其锐意改革的先进立场，正如同教育行政当局一贯传统的作法，只要教育政策体制遭遇重大波动，当局莫不以举办盛大的"全国"教育会议、对外宣示重大教育政策以取得执政的合法性，这种传统式大拜拜的安排如今已无法满足民众对改革的殷殷期盼，加以民间团体为呼应第六次"全国"教育会议，曾于1988年发起两次民间教育会议却遭冷落的惨痛经验记忆犹新，所以此次会前特别联署要求教育部与社会大众分享教改责任，由全民对台湾教育进行大诊断，具体要求会议"主题共拟、分组共议、名单共推"，然而以上诉求终究惨遭拒绝。于是民间教改团体正式对外宣布将在大会当天另辟"民间教育论坛野台"，随时将"全国"教育会议会场内讨论的议题与代表发言内容，实况转播至广场上，与在场群众同步讨论，并把广场上的讨论结果即时送入会场内进行交流，使得教育理念相互激荡，使得民众得以一窥教育部举办第七次教育会议的真相。"[4] 两造叫板对决以争取教育改革的话语权的大戏如期上演，至此官方与民间对立更加白热化。

### （三）折冲尊俎的努力："行政院"教育改革审议委员会的设立

郭部长为缓和官民对立的社会氛围，第七次"全国"教育会议之后向

---

3　人本教育札记（68）.38-39.
4　教师人权.1994.7,1-3.

"行政院长"连战建议仿效日本的作法，敦聘社会贤达共组临时性质的谘询小组，为台湾教育把脉的同时也响应民间教育改革的呼声，这一建议正符合各界期盼——建立具整合功能的中介单位以作为协调政府机关与民间团体的缓冲平台，于是 1994 年 7 月 28 日"行政院"第 2391 次会议修正核定《教育改革审议委员会设置要点》，随即于同年 9 月 21 日正式成立教改会。教改会基于加速推动教育改革、促进教育健全发展而设置，其主要任务乃关于教育改革方案之拟议及重要教育发展计划之审议事项、关于重大教育政策之建议、咨询事项、其他有关教育改革及教育发展之建议与审议事项，该会仅具对教改或教育政策进行拟议、审议、建议、咨询四大任务，所以属于幕僚性质机构并不具备执行职能。民间教育改革团体随即将焦点转移至此一新设的教育改革舞台，教育部暂时摆脱民间教改团体的咄咄逼人而得以稍事喘息，同时可以将数年的教育顽疾交付教改会研议而暂时避免承担改革失败的骂名。

对于教改会的成立有人殷切期盼，有人提出深刻的质疑，一份有关教改会功能的问卷调查中发现，64%的受访者对教改会前途表示悲观，不只是人事安排上的缺憾，教改会的角色与定位也不断成为话题，"没人能确定两年后教改会所做的结论将仅供'行政院院长'咨询用或是能成为政策交由部长办理。依据目前教改会所进行的活动观之，其发展有二：一是对目前教育问题进行诊断，从而提出具体的改革建议或方案；另一是建立起遍及全台湾的教育参与网。但目前已经出现一个后遗症，越来越多民间的教育资源包括关心教改人士都逐渐的被教改会所用，如此民间教育改革团体的工作势必受到影响"。[5]因此这个具有"半官方"性质的任务编组自成立之初便定位不清，对后期教改网络造成巨大后患。

### （四）竞争场域的移转：审议《师资培育法》草案与《教师法》草案的立法院

虽然《师资培育法》与《教师法》早在上个时期就已送交立法院审议，但是经历了二届立委改选后立法院生态丕变，同时法案进入二审逐条审查程序，因此法案中极具争议的条文纷纷引发朝野全面动员，而民间教改团体当然不会缺席，"当 1988 年教育部起草《教师法》草案时，振铎学会召开会议

---

5  人本教育札记（68）38-39.

确定日后推动主轴…教权会则抢先举办《教师法》草案座谈会……主妇联盟因为推动家长参与的突破口，所以开始参与《教师法》的推动……由于极力反对教师惩戒权，人本也开始参与《教师法》的推动……次年，法案开议审查各团体动员旁听，教权会于台下委请谢长廷委员提案，之后人本、教权、振铎与主妇联盟四个团体代表开会研商拟定提案，但教权会与人本有关教师'惩戒权'的立场南辕北辙，所以人本退出协议其他三团体则决议全力推动谢版《教师法》的通过".[6]显见民间教改团体间因为彼此政策立场与优势差异，无不施展全身解数，各自采取不同的行动策略，教育改革政策网络因此硝烟四起。

在官方威权与民间社会的立法权力拉锯战中，立法院的首度全面改选、政治参与机会的开放使得政府施政的合法性不再构筑于强力权威，教改团体活动的空间因此不断扩充，行动方式也更加多样，甚至还通过捐助竞选经费、提供竞选方案等方式与候选人建立良好关系，甚或主动寻求政党支持以求取长期的合作关系以增加教育政策的影响力，正因如此，立法机构权力日益高涨，在决策过程中扮演更为重要的角色，这个政治变化使得教改团体对立法部门的游说更加活跃，崭新的竞争场域于焉形成。

经上述针对社会背景、教育重大事件以及网络行动者的互动进行概括描述后，本研究下一节将正式针对政策网络的互换结构进行分析。

## 二、政策网络互换结构分析：个别、对耦与结构三层次

本节拟以郭为藩部长主政时期的台湾教育改革政策网络为范围，正如前一章针对政策网络中的"互换结构"进行三个层次的分析，之后测算个行动者中心度数以呈现政策网络的权力分布状况，再交叉分析出行动者之策略与网络权力之间的关连。

### （一）互换结构的初始构成：行动种类表

首先从关系数据将本时期九个行动者所采取的行动归类为十八类，并进行初步统计如表3-1，进而初步统计如下。

---

6　教师人权.1994,13-14.

表 3-1 郭为藩部长任期行动种类统计表

|  | 声明 | 陈情 | 发函质询 | 动员 | 开会 | 拜会 | 组织 | 演讲 | 协调调查 | 提案 | 记者会 | 委托 | 控告 | 访问 | 监督审查 | 开播 | 出版 | 培训 |
|---|---|---|---|---|---|---|---|---|---|---|---|---|---|---|---|---|---|---|
| 立法院（9） | 3 | 7 | 5 | 3 | 35 | 0 | 1 | 1 | 5 | 0 | 3 | 0 | 0 | 0 | 28 | 0 | 0 | 0 |
| 教育部（9） | 5 | 5 | 8 | 0 | 32 | 4 | 1 | 0 | 2 | 0 | 1 | 0 | 0 | 0 | 26 | 0 | 0 | 0 |
| 教改会（6） | 1 | 0 | 0 | 0 | 22 | 8 | 1 | 25 | 0 | 0 | 0 | 33 | 0 | 0 | 0 | 0 | 0 | 0 |
| 教权会（16） | 29 | 8 | 27 | 11 | 96 | 13 | 1 | 8 | 11 | 2 | 10 | 2 | 4 | 10 | 1 | 3 | 0 | 0 |
| 主妇联盟（8） | 1 | 0 | 0 | 3 | 17 | 3 | 4 | 0 | 0 | 2 | 2 | 0 | 0 | 1 | 0 | 0 | 0 | 0 |
| 人本（16） | 5 | 6 | 0 | 30 | 156 | 7 | 5 | 109 | 2 | 6 | 20 | 6 | 0 | 144 | 1 | 5 | 3 | 6 |
| 振铎（8） | 2 | 0 | 0 | 3 | 32 | 3 | 2 | 0 | 0 | 2 | 6 | 0 | 0 | 0 | 25 | 0 | 1 | 0 |
| 学改会（8） | 2 | 0 | 0 | 4 | 15 | 0 | 0 | 1 | 2 | 2 | 2 | 0 | 0 | 0 | 24 | 0 | 0 | 0 |
| 四一〇（8） | 3 | 1 | 0 | 2 | 28 | 5 | 1 | 0 | 0 | 2 | 5 | 0 | 0 | 0 | 0 | 0 | 0 | 0 |

资料来源：作者整理

1. 观察行动者所采取行动种类多寡，虽然立法院与教育部的活动种类依旧受限于法定职掌，但这时期各增至 9 种，以审查法案、开会、接受陈情、质询为主。这时期的民间教改团体的活动种类各有消长，除人本依旧延续既往多元且多层次的社会接触方式（高达 16 种）之外；较为特殊的是教权会不再重演上时期单一的发函作为挑战教育部的方式，而是扩大活动方式与对象，活动种类也大幅扩增至 16 种，与人本旗鼓相当；同时这两个团体增加电台的开播，显然著手运用传播媒体面向大众宣扬自身的教育理念以获得更多的民意支持。各行动者经过上一阶段的历练在行动策略上对于成本与效益之间的调整更为纯熟，所以采行的活动种类更为集中，尤其是开会已经成为最主要的互动方式，此外发表声明、动员群众抗议、成立新组织以及召开记者会也跃升为较频繁的互动方式。

表3-2　郭为藩部长任期行动者的主要活动类型

| | 声明 | 陈情 | 发函 | 动员 | 开会 | 拜会 | 组织 | 演讲 | 调查 | 提案 | 记者会 | 委托 | 控告 | 访问 | 监督审查 | 开播 | 出版 | 培训 | 撤销 |
|---|---|---|---|---|---|---|---|---|---|---|---|---|---|---|---|---|---|---|---|
| 立法院 | | 3 | | | 1 | | | | | | | | | | 2 | | | | |
| 教育部 | | | 3 | | 1 | | | | | | | | | | 2 | | | | |
| 教改会 | | | | | 3 | | | 2 | | | | | 1 | | | | | | |
| 教权会 | 2 | 3 | | | 1 | | | | | | | | | | | | | | |
| 主妇联盟 | | | | 2 | 1 | 2 | | | | | | | | | | | | | |
| 人本 | | | | | 1 | | | 3 | | | | | | 2 | | | | | |
| 振铎 | | | | | 1 | | | | | | 3 | | | | 2 | | | | |
| 学改会 | | | | 3 | 2 | | | | | | | | | | 1 | | | | |
| 四一○ | | | | | 1 | 2 | | | | 2 | | | | | | | | | |

资料来源：作者整理

　　2. 统计每个行动者所采取行动的前三名以进一步简化网络的主要互换结构后，可参见表 3-2。最常见的活动类型依然是"开会"，在这一阶段除学改会之外，开会已成为所有行动者的优先实行方式，因为开会成本低又能提高行动者之间讯息、专业甚至改革情感之间的交流，显然已成为行动者之间进行政策学习的主要渠道，尤其是民间教改团体更藉开会、筹划大型活动以扩大彼此的人脉与资源，不必如毛高文部长时期只能依据各自的条件与诉求而单打独斗。其次是"监督审查"这项活动之所以高居第三是由于立法院、教育部基于职权必须参与，加上这时期陆续有《教师法》、《师资培育法》草案由教育部转呈立法院审议，加上原本的《大学法》修法完竣在即，所以民间教育团体已固定派员"常驻"立法院，一方面监督法案的审议进程，另一方面积极拉拢立法院教育委员会的立委支持各自的教育诉求。紧接其后的是"拜会"与"召开记者会"，针对特定的教育诉求改采拜会机关单位的特定领导人是较为柔性的沟通，这是需要对于特定教育问题有更深入了解才能确定决策关键人物并争取面对面沟通。召开记者招待会是面对社会大众提高诉求知名度与争取社会支持的最直接方法，这时期的记者招待会数目大幅增高，折射出"教育改革"这个政策问题已经获得媒体的青睐与注意，显见教育改革正朝建构政策议题的过程中迈进。

### （二）互换结构的基本系络：二方组与二方谱

本节将利用数据库依行动的方向与活动种类予以"强度加权"，转换整理出赋予方向、不同强度数值的"有向多值"邻近矩阵，以显示出彼此的综合关系强度，如表3-3。

**表3-3 郭为藩部长任期政策网络有向多值邻近矩阵**

|  | 立法 | 教育 | 教改 | 教权 | 主妇 | 人本 | 振铎 | 学改 | 四一〇 |
|---|---|---|---|---|---|---|---|---|---|
| 立法 | -- | 71 | 3 | 29 | 15 | 34 | 13 | 8 | 8 |
| 教育 | 47 | -- | 13 | 14 | 2 | 12 | 11 | 5 | 1 |
| 教改 | 3 | 11 | -- | 9 | 3 | 9 | 3 | 4 | 3 |
| 教权 | 66 | 31 | 11 | -- | 54 | 70 | 52 | 30 | 30 |
| 主妇 | 17 | 5 | 5 | 55 | -- | 70 | 57 | 21 | 36 |
| 人本 | 54 | 14 | 13 | 72 | 68 | -- | 59 | 30 | 36 |
| 振铎 | 46 | 11 | 6 | 53 | 59 | 62 | -- | 20 | 34 |
| 学改 | 35 | 5 | 5 | 31 | 22 | 31 | 21 | -- | 7 |
| 四一〇 | 8 | 4 | 5 | 28 | 36 | 37 | 34 | 8 | -- |

资料来源：作者整理

首先利用"二方组"分析政策网络行动者两两间互动强度与方向，这是研究政策网络互换结构的第二个层次也是解读网络脉动的首要任务，可藉此测出彼此连带关系的强弱，并据以观察个别行动者与其他行动者互动强度与方向的差异，展现整个网络的动态变化与彼此影响力的发散方向。另外加总所有的二方组数据加以简化形成整体互动关系比例得出"二方谱"，作为观察本时期政策网络的总体稳定程度之依据。

### 1. 二方组

| 立法院 | VS. | 教育部 | 47：71 |
|---|---|---|---|
| | | 教改会 | 3：3 |
| | | 教权会 | 66：29 |
| | | 主妇联盟 | 17：15 |
| | | 人本 | 54：34 |
| | | 振铎 | 46：13 |
| | | 学改会 | 35：8 |
| | | 四一〇 | 8：8 |

立法院与教育部彼此耦合的次数与强度更为提高但并不对等，表示彼此的需求与权力结构互有消长，与其他民间组织耦合次数相较，前一时期虽有增长却依旧偏低且民间教育团体仍然主动，尤其教权会的耦合强度竟高达 66 度；但立法院却未给予相对的回应，仅为 29 度，对耦关系的悬殊显示彼此关系不稳定甚至不友善。人本耦合强度 54 度虽然略低但之间的互惠性略高，表示立法院与人本之间的互惠性比教权会高些，显示合作机会多过挑战互动；振铎的耦合强度 46 度也不小，可见这时期立法院是各界争夺资源表达政策偏好的必争之地。总体而言，立法院与其他民间团体彼此耦合强度差距明显缩短，显示立法院在本时期积极参与教育改革，只有与新成立的教改会以及四一〇因为涉及任务与团体联盟特质较不涉及法案审议而基线较低的对耦强度。

| 教育部 | VS. | 立法院 | 71：47 |
|---|---|---|---|
| | | 教改会 | 11：13 |
| | | 教权会 | 31：14 |
| | | 主妇联盟 | 5：2 |
| | | 人本 | 14：12 |
| | | 振铎 | 11：11 |
| | | 学改会 | 5：5 |
| | | 四一〇 | 4：1 |

教育部与立法院的互动情形与前期相反，显然两个官方组织的网络互动不再仅限于法定职掌，加上立法院与其他民间教改团体的互动大幅增加，许多立委接受陈请后主动向教育部表达立场所致；教育部与新成立的教改会同隶属于"行政院"，但彼此仅保持低度的耦合强度，显示互动并不热络；教育部与民间团体耦合强度虽各有高低，但总体大幅降低差距几乎弭平，仅剩教权会挑战依旧，这种现象并不能解读为彼此降低冲突，而是民间教育团体转向寻求立法院的支持，由立法院挟其公权力向教育部施压，于是逐步放低身段以求减轻政治压力。此外比较特殊的是这时期教育部与主妇联盟之间的对耦强度陡降，显示主妇联盟的政策诉求对象转向，同样情况也发生在学改会以及四一〇。

| 教改会 | VS. | 立法院 | 3：3 |
|---|---|---|---|
| | | 教育部 | 13：11 |
| | | 教权会 | 11：9 |
| | | 主妇联盟 | 5：3 |
| | | 人本 | 13：9 |
| | | 振铎 | 6：3 |
| | | 学改会 | 5：4 |
| | | 四一〇 | 5：3 |

新成立的教改会与立法院间的耦合强度相当低，仅有 3 度，基于教改会的职掌设计并不包括向立法院报告或备询，加上教改会的初期任务是广征民意与诊断教育问题，所以彼此互动不多。教改会仅与教育部维持相对略高的耦合强度，显示出中等的互惠连带关系；除人本与教权会表现出较为主动的接触外，教改会与其他民间教育团体之耦合强度都明显偏低且不积极，印证该会与民间教育改革团体保持一定的距离以保持其"中立"的立场。

| 教师人权促进会 | VS. | 立法院 | 29：66 |
|---|---|---|---|
| | | 教育部 | 14：31 |
| | | 教改会 | 9：11 |
| | | 主妇联盟 | 55：54 |
| | | 人本 | 72：70 |
| | | 振铎 | 53：52 |
| | | 学改会 | 31：30 |
| | | 四一〇 | 28：30 |

向来高调的教权会这时期诉求对象不再只锁定官方组织而是转向与几个主要民间教改团体人本、振铎、主妇联盟发展高度的耦合互惠关系，显示这时期教权会不再单打独斗而是改变行动策略，不仅推广教育理念与政策诉求的行动策略，更见灵活且积极与其他民间团体密切合作以建立强连带，所以网络广度与强度都大幅增加。对于官方诉求对象已由教育部明显转向立法院，彼此耦合强度落差极大可见该会擅长正面冲撞且活动力十足的特质依旧。对于新出现的教改会虽互动明显偏低，但仍能维持相对互惠的关系。

| 主妇联盟 | VS. | 立法院 | 15：17 |
|---|---|---|---|
| | | 教育部 | 2：5 |
| | | 教改会 | 3：5 |
| | | 教权会 | 55：55 |
| | | 人本 | 68：74 |
| | | 振铎 | 59：57 |
| | | 学改会 | 22：21 |
| | | 四一〇 | 36：36 |

这时期主妇联盟的最大特点是大幅度降低与教育部的互动，可见上时期的教改理念之争议点都转以法案的审议方式表达，主妇联盟以家长的代言者自居，对于《教师法》中家长参与教师遴聘的条文必然表达关切，然而主妇联盟最关心的《家长会章程》决战之处在于地方性议会（如

台北市议会）而非立法院，因此与立法院的对耦强度不高——仅 15 度对 17 度，加上民间动员向来是妇联盟的强项，这时期也转而交由四一〇代为执行，且该团体向来缺乏一贯的教育主张，所以与官方的互动强度明显降低，当年出面发起召开第一届民间教育会议的风华大减。相对于面对官方的疲弱不振，主妇联盟依然将其行动力转向与其他民间团体的合作，都保持高度的"互惠关系"，显然这时期主妇联盟改变策略，其行动焦点已由向官方表达诉求转向与民间教改团体合作。

| | | 立法院 | 34：54 |
|---|---|---|---|
| 人本教育基金会 | VS. | 教育部 | 12：14 |
| | | 教改会 | 9：13 |
| | | 教权会 | 70：72 |
| | | 主妇联盟 | 70：68 |
| | | 振铎 | 62：59 |
| | | 学改会 | 31：30 |
| | | 四〇 | 37：36 |

这时期人本可谓火力全开，对政策网络中的所有行动者皆展开密集的互动，尤其是对于教权会、主妇联盟与振铎四者间的对耦强度、互惠程度、连带关系都创下新高，可谓出现"铁四角"。其次，正如该会所调整的策略——转战立法院，该会对于立法院的单向耦合强度也高达 45 度，此外对于学改会与四一〇也保持中度互惠的耦合关系，耦合关系最低的竟是手握正式教育决策大权的教育部与受到"行政院"加持的教改会，这种策略选择正折射出人本极度不信任政府行政权力的本质。

| | | 立法院 | 13：45 |
|---|---|---|---|
| 振铎学会 | VS. | 教育部 | 11：11 |
| | | 教改会 | 3：6 |
| | | 教权会 | 52：53 |
| | | 主妇联盟 | 57：59 |
| | | 人本 | 59：62 |
| | | 学改会 | 21：20 |
| | | 四一〇 | 34：34 |

如上述"铁四角"振铎在这时期主要的互动对象为人本、主妇联盟、教权会，彼此对耦强度明显高于其他行动者而且高度的互惠与强连带在在显示新结盟关系的形成，不光人本转战立法院，向来以教改智库自许的振铎早就于立法院深耕数年，低调高效地代立委拟具提案，将自身的教育理念转化为具体的法案条文，所以该会对于立法院的单向耦合强度高达 45 度。同样，振铎由于行动策略的调整使得与教育部的耦合强度继续降至 11 度。

| 大学改革促进会 | VS. | 立法院 | 8：35 |
| | | 教育部 | 5：5 |
| | | 教改会 | 4：5 |
| | | 教权会 | 30：31 |
| | | 主妇联盟 | 21：22 |
| | | 人本 | 30：31 |
| | | 振铎 | 20：21 |
| | | 四一〇 | 8：7 |

由于《大学法》修正案尚未审查完竣，因此学改会还是以立法院为诉求对象，这时期与教权会、人本的耦合强度明显提高，显示该会行动策略有调整，部分原因如上所述民间教育团体的行动场域纷纷转向立法院，《教师法》审议正炽，提供学改会与其他民间教育团体互动平台与并肩作战的契机所致。对于四一〇对耦强度则偏低，显示学改会对于主流教育改革教育问题依然兴趣不高。比较耐人寻味之处在于学改会与教改会，两者的成员都是以大学教授为主，但是彼此的互动却依然偏低。

| 四一〇 | VS. | 立法院 | 8：8 |
| | | 教育部 | 1：4 |
| | | 教改会 | 3：5 |
| | | 教权会 | 30：28 |
| | | 主妇联盟 | 36：36 |
| | | 人本 | 36：37 |
| | | 振铎 | 34：34 |
| | | 学改会 | 7：8 |

由于四一〇的成立宗旨是执行落实民间教育团体四一〇大游行的诉求，因此与大游行的主要操盘者教权会、人本、主妇联盟与振铎的耦合强度自然明显高出许多，而与其他的行动者则明显互动偏低。

### 2. 二方谱（M, A, N）—（8,33,4）

将三种同类构，互惠对 M（mutual）、不对称对 A（asymmetric）、虚无对 N（null）共同标记为 <M,A,N>，以包含网络中所有行动者之间可能存在的所有二方关系，各自统计数目后并按比例化约出网络二方谱 <8,33,4>。首先虚无对偏低，表示行动者之间的互动较为频繁且普遍，对于彼此的组织特色与能力，有着较为深入的了解。代表不稳定关系的不对称对比例更达 33，与相较代表稳定网络关系的互惠对 8 与虚无对 4 的总和差距更大了，因此可以判断本时期的教改政策网络是极度不稳定的。

### （三）互换结构中的位置与角色：结构对等性

网络行动者的权力并非单纯来源于自身的特质，反倒是人我关系模式的产物，由于行动者镶嵌在复杂的关系网络中，在不可避免地受限于网络的同时也能从中攫取机会与资源，因此所处的位置便至关重要。当行动者位于网络的中央，与他人有著较多的联系渠道，必然拥有较多的机会接近资源与选择机会，所以拥有相对较高的独立性，这些网络特征正是获取权力的必要条件。然而行动者所采取的具体行动方式，固然能提供最直观的网络互换结构，行动者之间的对耦互动强度与方向也确实能彰显互换结构的动态变化，然要更进一步洞察行动者在网络结构中的位置或所扮演的角色，甚至归纳出网络互动模式与行动策略，便需要分析政策网络的结构对等性。

首先通过表 5-3 有向多值邻近矩阵中"行"与"列"的关系数据，运用 ucinet-6 软件中的"皮尔森相关系数法"测算彼此的关系截面相似性，之后据此建立一个结构对等性的矩阵（如表 3-4），分析两两行动者关系截面之相似程度。

### 表 3-4 郭为藩部长任期结构对等性矩阵

Pearson Correlation/Structural Equivalence Matrix

|  | 1.立法院 | 2.教育部 | 3.教改会 | 4.教权会 | 5.主妇联盟 | 6.人本 | 7.振铎学会 | 8.学改会 | 9.四一〇 |
|---|---|---|---|---|---|---|---|---|---|
| 1. 立法院 | 1.00 | 0.68 | 0.83 | 0.32 | 0.21 | 0.10 | 0.17 | 0.32 | 0.09 |
| 2. 教育部 | 0.68 | 1.00 | -0.06 | 0.06 | -0.23 | 0.01 | -0.15 | 0.11 | -0.33 |
| 3. 教改会 | 0.83 | -0.06 | 1.00 | 0.01 | 0.14 | -0.24 | 0.05 | 0.08 | 0.00 |
| 4. 教权会 | 0.32 | 0.06 | 0.01 | 1.00 | 0.80 | 0.91 | 0.92 | 0.95 | 0.80 |
| 5. 主妇联盟 | 0.21 | -0.23 | 0.14 | 0.80 | 1.00 | 0.90 | 0.93 | 0.72 | 0.99 |
| 6. 人本基金会 | 0.10 | 0.01 | -0.24 | 0.91 | 0.90 | 1.00 | 0.97 | 0.87 | 0.91 |
| 7. 振铎学会 | 0.17 | -0.15 | 0.05 | 0.92 | 0.93 | 0.97 | 1.00 | 0.87 | 0.93 |
| 8. 学改会 | 0.32 | 0.11 | 0.08 | 0.95 | 0.72 | 0.87 | 0.87 | 1.00 | 0.70 |
| 9. 四一〇 | 0.09 | -0.33 | 0.00 | 0.80 | 0.99 | 0.91 | 0.93 | 0.70 | 1.00 |

资料来源：绘自 ucinet-6

从表 3-4 相关系数矩阵资料可发现主妇联盟与人本的结构对等性最相似，彼此相关系数高达 0.96 度；反之立法院与救盟的结构对等性差异最大，彼此相关系数仅-0.35 度，矩阵虽然包含所有行动者间的相似性信息，但仍难以直观看清哪些行动者更近似，所以进一步进行"聚类分析"（cluster analysis）得出图 3-1 的结构图，俾利更为直观、更概括的认识。

图 3-1　郭为藩部长任期有向多值结构对等性聚类图

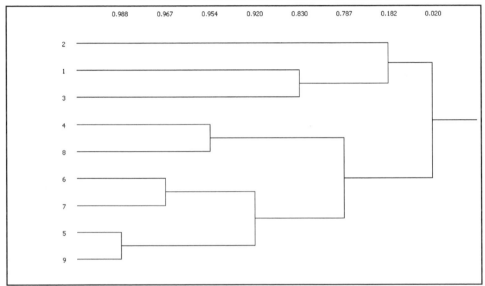

资料来源：绘自 ucinet-6

在相似系数高达 0.988 度的水平时，9 个行动者共被分为 8 组，因为 5 号主妇联盟与 9 号四一○的关系截面一致，两者与其他行动者的关系强度与互动频次近乎相同，二者在网络结构上的位置相同因此角色可以相互替代。在相似系数 0.967 度的水平时，9 个行动者进一步被分为 7 组，因为 6 号人本与 7 号振铎关系截面一致，因此两个行动者网络位置被认为一致，所以扮演同样的角色。之后依此类推，相似系数 0.954 度的水平时 9 个行动者分为 6 组，因为 4 号教权会与 8 号学改会关系截面一致。值得注意的是在相似系数 0.920 度的水平时，主妇联盟与四一○、人本与振铎这两组同构行动者相似系数便先行达成一致，虽然此时已经迈进中层（第四层），但第一至第四层之间相似系数的差距甚微，换言之这四个行动者可视为结构对等性高度相近。

　　接下来相似系数间隔稍微拉大的 0.830 度水平 9 个行动者缩减为 4 组，因为 1 号立法院与 3 号教改会，彼此互动不多的行动者竟然出现类似的横截面，显示出两者与其他网络行动者互动模式还是具有相当相似度。在相似系数 0.787 度水平时出现所有的民间教育团体（主妇联盟与四一〇、人本与振铎、教权会与学改会）关系截面达成一致，这个阶段的最重要的结构意义是政策网络中的民间教育团体经过相互学习与磨合后进而相互合作镶嵌加深，因而造成相同的网络结构位置与角色扮演。最后令人侧目的是"孤立者"——教育部迟至 0.182 度的水平时，才与立法院、教改会这两个具有官方背景的行动者相似，由于相似系数极低，与前一层的 0.787 间距差异实在太大，所以相似度已不值一提。换言之，这时期的教育部所实行的行动策略与绝大部分的行动者不仅南辕北辙，与民间教育团体更是泾渭分明。据此，本研究进一步发现如下。

　　1. 相似系数最高的是主妇联盟与四一〇，由于这两者以动员群众、争取民众对于教育改革的支持而非以当时审查在案的法案为主，所以两者所采取的行动种类与行动策略非常相近，不过同为四一〇结盟成员且积极投身立院法案审查的教权会、人本与振铎相比，则可以明显看出主妇联盟与四一〇的活动能力与施展舞台的局限性。

　　2. 相似系数次高的是人本与振铎，振铎延续上个时期的行动策略，将自身的教育专业转化成具体法案或是分析教育问题、提供数据给个别立法委员召开听证会或是用以质询教育部，"在本会期之初洪秀柱委员当场挂起一份由振铎学会制作的图表，详细地解释了民间团体的估算并严厉地指责教育部的苟且，郭部长当下诚惶诚恐地表示教育部降低班级人数的决心，却也列举理由以解释其困难"[7]，振铎在网络中所发挥的高度专性可见一斑。而人本除继续启蒙大众教育改革之意识外，也明确将行动重心转至立法院，"基本上已经完成第一阶段的启蒙工作……此刻我们展开国会游说，除派员整天在立法院穿梭之外，我们也和个别委员面对面沟通，当然各种书面数据也通过各种渠道'挤'到每一位委员面前[8]"，从二方组看出两者的策略都是转战立法院并与教权会合作，开始从单打独斗转变为集体行动。

　　3. 教权会与学改会依然延续前时期的相似结构对等性，从二方组资料分析发现即使两者之间的对耦强度并非最高，但依然各自积极直面官方机关表

7　人本教育札记（55）27.

8　人本教育札记（46）46-47.

达政策诉求，只是这时期的挑战对象已由教育部转成立法院，两者对于立法院的对耦强度不仅都居高不下且形成高度不对称，虽然《大学法》审议已近尾声，学改会之成员各高校教授依然轮流赴立法院旁听以进一步与立委磋商并定期举办评议会，"当 1993 年陈哲南委员提案《教师法》，振铎学会立即协调被拒...次年法案开议审查各团体动员旁听，多亏教权会于立法院多方奔走并自行草拟《教师法》草案，最后成功委请谢长廷委员提案使得民间团体诸多教育理念得以进入立法程序"[9]。可见这两个由高度批判性的教师所组成的组织在这一时期虽然行动策略因地制宜而有所调整，但其直面挑战的性格依然强烈。

4. 相似系数间距至 0.830 出现结构对等相似性是立法院与教改会，二者互动不频繁但皆具有官方性质，因此不免必须"依法行事"与教育部保持基本的互动与对耦关系。

5. 本时期网络结构中的"孤立者"是教育部，由于本时期诸多影响深远、争议较强的法案如《大学法》、《教师法》与《师资培育法》都已送交立法院，因此教育部与立法院的互动频次与对耦强度极高，除教权会外其余民间团体与之的对耦强度锐减，甚至主妇联盟、学改会与四一〇各自降低至 5 度与 4 度。即便如此，彼此的对耦关系已经由前一期比数相差悬殊"不对称对"转为本时期的"低强度互惠对"，教育部的态度不再如前一时期对于民间团体的诉求不屑一顾或冷淡以对，而转为降低姿态正面回应。

本时期结构对等相似系数差距甚微，在 0.920 与 0.830 之间出现第一个"自然断裂"，这断裂是作为网络结构简化的最佳分割处，换言之这个间距显示角色之间的差别，因此以相关系数 0.830 层级作为简化标准时本政策网络的基本角色共可分成 5 类（如图 3-2），第一个类型是"合作分工型"，由高度合作而集体行动的行动者，如主妇联盟、人本、振铎、四一〇组成；第二类型是延续上一时期的"直面挑战型"，依然是由教权会与学改会两个具有挑战公权力与政府政策为特质的教师团体；第三种类型则是"浴火重生型"指的是全面改选之后的立法院，在本研究特指教育文化委员会的立委；第四类型"独立研究型"，指的是新成立由中研院长李远哲所领导由学界精英所组成的诊断、研议教育问题的教改会；第五类型"孤军奋战型"，则指拥有台湾法定教育决策权力的教育部。

---

9　教师人权.1994.8（56）,13-14.

图 3-2 郭为藩部长任期政策网络之角色简化类型图

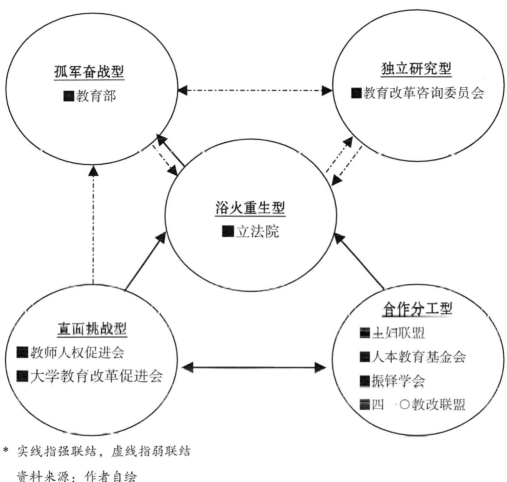

\* 实线指强联结，虚线指弱联结

　资料来源：作者自绘

## 三、政策网络动因结构分析：行动者与制度的交会

### （一）网络互换结构之动因分析

本节拟依据前节互换结构、行动种类、对耦关系、结构对等性的分析中，演绎归纳出互换结构之所以运行的背后动因。

**行动种类**

1. 法定职掌与施政重点双重因素之下，增加教育部与立法院的开会次数。立法院与教育部依然在法定职掌的规定下，所以活动频次仍高度集中于法案审查、开会与接受陈情，这时期已将教育改革列为教育部的重大施政重点，因此教育部不仅积极出席立法委员所举办的各种听会，自身也开始举办以听取民意。

2. 冲突事件与媒体的传播强化教改议题的能见度。由于本时期教育冲突事件激增，加上媒体对于教改议题的关注并藉此将事件公开化并且放大，所以调查与召开记者会几项行动类型明显增加。

3. 开会是获致集体目标、资源以及政策学习的最佳途径，故最常见的活动类型依然是"开会"，在这一阶段除学改会外开会已成为所有行动者优先实行方式，因为开会成本低又能提高行动者之间讯息、专业甚至改革情感之交流，明显已成为行动者之间赖以学习的主要渠道，尤其是民间教改团体更藉由开会沟通，达成共识获得集体目标，并藉以资源共享筹划大型活动，不必如上时期只能依据各自的条件与诉求而单打独斗。

4. 组织成员大幅改变不仅影响组织文化，同时也连带改变行动者之间互动模式。立法院改选后立委大幅更迭、政治生态丕变，不仅因此改变立法院的组织文化与气候，加上新科（尤其是民进党籍）立委上台，亟需问政表现以争取选票并积蓄自身政治实力，因此纷纷以教育改革为诉求，积极召开听证会、向教育部提出质询，同时也开放民间教改团体进行合作的大门，并进而策略联盟运用政治杠杆，兵分二路向教育部施压以扭转教育改革方向与内容。

5. 合作经验与环境监测能力有助于改变政策视角。教权会依据上时期的合作经验，加上对于政策网络形势转变的监测使之改变政策视角，不再认定教育部的教育决策权威是唯一的诉求目标，因而大幅扩大活动方式与对象，不再如上一时期仅以发函方式单挑教育部。

6. 运用媒体进行策略性框架化以争取群众支持并同时争取合法性地位。人本与教权会不仅大幅增加行动种类且增加电台的开播，显然开始利用传播媒体宣扬自身教育理念，塑造教改议题，同时频频"召开记者会"企图直面大众以获得更多的民意支持以增加自身的正当性。

7. 法制程序、政策监测与理念倡导三个因素同时促成"监督审查"活动高居第三，除立法院、教育部基于职权必须参与外，主因在于这一时期《教师法》、《师资培育法》草案陆续于立法院审议，加上《大学法》修法完竣在即，所以民间教改团体固定派员"常驻"立法院一方面监督法案的审议进程，另一方面积极拉拢立委支持各自的教育诉求。

8. 落实教育理念与挑战教育体制。人本为落实以人为本的教育理念，著手筹设第一所体制外学校—森林小学，使得各级教育行政单位为此焦头烂额，甚至因而对簿公堂，教育事件转由司法公断显示传统行政威权不再。

**对耦关系**

**1. 连带强弱**

（1）法定执掌影响连带强弱。立法院与教育部互动强度高且互惠，依然保持强连带关系，教改会的初期任务是广征民意、诊断教育问题，因此与所有行动者保持弱连带。

（2）政策遗绪促使大型动员活动激增并导致教改竞争场域的转变。从教育部各项教育政策的推动与态度来看，支配、管制的手段仍然存在并未见积极松绑的迹象，例如行政命令继续取代法律的订定、被动式的改革与授权、党政合一的思维框住教育体制的转型、畏惧政策失败的优柔寡断，都导致民间教改团体不满的气焰更形高涨，最后导致大规模串联游行。民间教改团体在失望之余与教育部的对耦强度大幅降低，甚至不如立法院。

（3）成员大幅度替换改变组织特质进而影响行动者在网络中的连带强弱。立法院改选新立委上台亟需问政表现，以争取选票并积蓄自身政治实力，因此积极主动采取行动涉入教育改革议题，因此立法院与其他行动者之间的对耦强度大幅提高。

（4）合作经验强化政策学习能力并增加彼此互信。经过数年的尝试与磨合，民间教育团体如教权会、振铎、人本与主妇联盟逐渐加大彼此互动的强度，此四者的对耦强度明显升高，彼此的合作模式逐渐显现。

（5）扩充组织规模与层面以获取资源并抢得主导地位。人本是民间团体中组织发展最有规模、分工最明确、业务推动触角最深入台湾各地的基层学校与家长，经过数年的耕耘，与其他行动者间的对耦关系本时期爆发出极高的连带强度。

**2. 发散方向**

（1）具备合作经验且绩效互补的行动者为取得集体目标必然出现高度互惠关系。民间教育团体中教权会、主妇联盟、人本、振铎四者出现较高对耦强度，而且大多为双向的互惠关系，尤其是经过四一〇大游行磨合出共同互补的动员经验与绩效，明显连带强度大幅提高。

（2）行动者经政策环境监测后将改变政策视角进而调整行动策略并改变对耦强度的发散方向。由于立法院的改选新任立委对于教育改革表现高度的兴趣，加上重大教育法案纷纷排入议程，因此除传统上关注立法的振铎与学改会外，人本与教权会也明确转变行动策略，将新的政策竞争场域转至立法院，民间教育团体的对耦方向由教育部转向立法院。

**结构对等性**

1. 组织绩效与相近性（proximity）促成合作关系，致使结构对等性相近。主妇联盟与四一〇都是擅长群众动员的教改团体，加上彼此之间有发起成员的关系相近性，合作经验丰富造成结构对等性相近。

2. 竞争场域重叠必然产生地理相近性，加上产生集体目标，致使行动策略一致。人本高调宣称将斗争场域转向立法院，因此与原本关注法案的振铎行动策略不谋而合，强强连手主动提案并于立委之间游说、积极协调寻求支持，形成高度相似的结构对等性。

3. 在同一竞争场域中组织成员特性类似的行动者往往采取相同的行动，进而产生结构对等的相近。教权会与学改会的成员都是对现状具有批判性的教师，这时期虽然转战立法院，所采取行动策略因地制宜而有所调整，但这两行动者的直面挑战性格依然强烈，所以二者的结构对等性依然相似。

4. 组织过程（organization process）中的法定职掌导致例行互动因而产生近似的行动模式。立法院与教改会这两个互动并不频繁的行动者，与教育部相较之下依然具有一定程度的相似性，究其原因，乃这两个行动者皆具官方性质因此不免必须"依法行事"，因此与教育部都保持一定的互动频次而形成类似的结构对等性。

5. 竞争场域转移使政策视角改变。由于本时期诸多极具争议性的法案如《大学法》、《教师法》与《师资培育法》适逢修法，民间教改团体因为环境监测出竞争场域的移转，于是纷纷调整策略，对于教育部的接触与挑战锐减。教育部至此终于调整政策视角、降低姿态转而正面响应民间教改团体的诉求，进而影响结构对等性的变化。

**（二）政策网络之动因结构**

依据上述互换结构三层次的分析，本研究将逐一演绎出的各种影响网络变化以行动者因素、制度性因素为标准，初步归纳出这一时期的动因结构，如表3-5。

表3-5 郭为藩部长任期政策网络之动因结构

| 互换结构／动因来源 | 行动者因素 | 制度性因素 |
|---|---|---|
| 行动种类 | 成员特质、政策视角、法定职掌、获取资源、争取合法性、教育理念、政策学习、组织文化、监测能力、集体目标、合作经验 | 冲突事件、施政重点、媒体传播、法制程序 |
| 对耦关系 | 法定职掌、政策视角、成员特质、政策学习、获取资源、主导能力、监测能力、合作经验、互信、绩效互补、集体目标 | 冲突事件、政策遗绪、竞争场域 |
| 结构对等性 | 组织绩效、成员特质、政策视角、组织过程、法定职掌、例行公事、合作经验、集体目标、相近性 | 法制程序、、竞争场域 |

资料来源：作者自制

在本时期影响互换结构的深层动因中，行动者因素依然多于制度性因素，而行动者因素之中成员特质（包括教育理念、组织过程、组织文化、成员替换等）、成员能力（包括监测能力、政策学习、组织绩效等）以及组织动机（包括追求资源、加强合法性）等几大类因素发挥作用，本时期制度性因素有所变化，除原有的刚性制度规定，如法制程序、法定权威影响减弱，新增施政重点一项；与组织行事惯例（如政策遗绪）依然存在之外，几件教育冲突事件导致网络冲突尖锐化，最大的特色是媒体的加入使得教改议题更为稳固。以上来源不同、层次互异的动因交织后，共同带动本时期网络的变化新方向。

## 四、政策网络的权力分布：中心之分析

本研究拟再度利用表 3-1 有向多值邻近矩阵数据结合社会网络分析技术中心性测度以衡量行动者的影响力大小，再将上述数据输入社会网络分析软件 UCINET-6，据以下路径 Network>Centrality>Degree，得出九个行动者中心度数以及排名，整理如表3-6。

表3-6　郭为藩部长任期行动者中心度及排名

| 编码序号／行动者 | | 郭为藩部长任期 | |
|---|---|---|---|
| | | 中心度 | 排序 |
| 1 | 立法院 | 47.92 | 3 |
| 2 | 教育部 | 26.39 | 7 |
| 3 | 教育改革审议委员会 | 10.59 | 9 |
| 4 | 教师人权促进会 | 50.52 | 2 |
| 5 | 主妇联盟 | 44.97 | 4 |
| 6 | 人本教育基金会 | 56.42 | 1 |
| 7 | 振铎学会 | 43.40 | 5 |
| 8 | 大学教育改革促进会 | 21.88 | 8 |
| 9 | 四一〇 | 26.91 | 6 |

资料来源：作者整理

1. 在郭为藩部长任内台湾教育改革政策网络的九个主要行动者中，人本的中心度数最高，其次是教权会，两者以中心度数高达50度以上领先群雄；紧追其后的是位居各方竞逐中心的立法院，中心度数近乎48度。另两个表现不俗的民间教改育团体是分居第四与第五的主妇联盟与振铎学会，两者度数非常相近，虽然排名仅屈居中等，但其中心度数仍高达40度以上，显示这时期民间教育团体释放出的能量与活动力令人侧目。

2. 中心度陡降至30度以下的行动者是四一〇与教育部，各自取得度数仅余26度左右，四一〇是各民间教育团体结盟而成的团体，而教育部则是法定的教育决策权力所在，二者的中心度数偏低各自排名第六与第七。此外向来为大学校园自主奋战的学改会这时期已近强弩之末，屈居第八名，仅领先敬陪末座的教改会，教改会的成立与加入是本时期政策网络的重大变化，这个具有"半官方"性质的行动者，虽然背负著各界的期盼而成立，可惜在政策网络中的实质权力却仅位居第九。

# 五、综合分析与小结

## （一）政策网络互换结构、动因结构与权力综合分析

本节拟结合政策网络"互换结构"三层次，观察如何与"动因结构"相

互作用而影响网络中心度排名（如表 3-7），从结构类型切入点综合分析本时期网络形构动态特征。

**表 3-7　郭为藩部长任期互换结构、动因结构与权力综合分析表**

| | ACTORS | EXCHANGE STRUCTURE | | | INCENTIVE STRUCTURE | | CENTRALITY |
|---|---|---|---|---|---|---|---|
| | | Activities | Dyads（M, A, N） | Structural Equivalence（types） | | | |
| 郭为藩部长 | 立法 | 开会-法案-陈情 | 8:33:4 | 浴火重生型 | 制度性 | 法制程序 | 3 |
| | 教育 | 开会-法案-发函 | | 孤军奋战型 | | 政策遗绪 | 7 |
| | 教改 | 委托—开会-演讲 | | 独立研究型 | | 场域转移 | 9 |
| | 教权 | 开会-声明-发函 | | 直面挑战型 | 行动者 | 组织过程、 | 2 |
| | 主妇 | 开会-动员-拜会 | | 合作分工型 | | 组织文化、 | 4 |
| | 人本 | 开会-访问-演讲 | | 合作分工型 | | 组织动机 | 1 |
| | 振铎 | 开会-监督-记者会 | | 合作分工型 | | 监测能力、 | 5 |
| | 学改 | 监督-开会-动员 | | 直面挑战型 | | 政策学习、 | 8 |
| | 四一〇 | 开会-拜会-记者会 | | 合作分工型 | | 组织绩效 | 6 |

资料来源：作者自制

**1.“浴火重生型”：立法院**

立法院的全面改选是本时期政策网络最大的变数与动因，由于立法组织规则的改变使得立法院终于有机会藉由全面改选以调整其组织成员，而组织成员因为政治立场不同使得国民党昔日一党独大、行政凌驾立法的局面不再。换言之，教育决策权也将因此被分割，本时期政策网络权力结构的重组势在必行，同时民间教改团体也因此认识到教育政策改革新利基的出现，纷纷改变行动策略将政策竞争场域由教育部转向立法院，而新科立委也充分发挥其政治立场，积极与民间教改团体合作而涉足教育改革事项，所以脱胎换骨的立法院于本时期继续称霸于网络权力中心排名第三，显见网络行动者组织成员的汰换对于政策网络的权力结构与互动有著深远的影响。

**2.“合作分工型”：主妇、人本、振铎、四一〇**

此类型成员为数最多且基本上继承前一时期的“迂回合作型”的行动策略，所以延续性明显。开会依然是本类型所有行动者的首要活动，表示彼此之间藉由开会这种联系方式不时交换情报、感情等资源，对于政策学习与行动策略的拟定而言已不可或缺，除了密集开会交流之外，此型的行动者则依据各自不同的成员特性、组织目标与成本考虑展开多元多样的活动，各自开疆辟土扩大网络影响力，尤其是人本凭藉上时期所积蓄的雄厚民意支持加上灵敏的政治嗅觉，在本时期领导民间教改团体主动与立法院合作，将政策网络的竞争场域成功由教育部移转至立法院，利用开会的机会汇聚各界力量并拟定行动策略联手夹击教育部，使得参与合作的行动者包括立法院与教权会，几乎包办网络中心性的前六名，可谓夺权成功、大获全胜。

### 3. "直面挑战型"：教权会、学改会

此二行动者之成员特质依然主导其行动策略，然而最大的差异在于教权会除坚持一贯的抗争标的之外，与其他教改团体共同商议开会跃居行动方式的首位，显示该会的政策视角开始有所调整，连带行动策略也转变为加强与其他民间教改团体并肩作战，双管齐下挑战教育部的传统威权，所以本时期学改会的角色实际兼跨"合作分工型"与"直面挑战型"，由于该会展现惊人的活动能量与灵活多变的行动策略，因此在本时期中心性跃居第二令人刮目。然而相形之下，另一个成员学改会则依旧秉持前时期的活动方式与单一策略，加上政策视角窄化与僵硬，使得在政策网络中扮演同样角色的两个行动者所获得的成就竟然南辕北辙，学改会依然位居第八。显然网络中的位置与角色并非万灵丹，必须配合多样的活动方式、灵活的行动策略以及开放的态度并与其他行动者强强联手才是致胜的关键。

### 4. "孤军奋战型"：教育部

由于制度性因素重大转变使得立法院重拾立法权并与民间教改团体联手削弱行政权，教育部面对如此困境依然遵循法定程序"依法行政"，对于政策环境的改变、政策网络场域的移转不仅反应迟缓，而且未见拟具崭新的行动策略以为因应，依然标榜自身的教育专业与法定权威，在如此僵化的政策视角之下依循政策遗绪行事，教育部面对排山而来的挑战与政治压力仅出台一项政策建议，筹设"行政院"教育改革谘议委员会为其挡箭防震，所以其网络中心性由第一名跌落至第七名应当不足为奇。

### 5. "独立研究型"：教改会

高调、高层正是教改会成立的高定位特色，该行动者的产生与加入适逢政策场域的移转与厮杀之际，临危授命的教改会不仅未能理解政策网络的变化与复杂，且一心著眼于自身的"精英"成员特色、"独立研究"的组织目的，

完全漠视并刻意与其他行动者相区隔，因此采取既"专业"又"独立"的课题研究方式参与本时期的网络互动，因此该会不仅政策视角呆板、行动策略更是单一，加上企图置身事外，当然在本时期的政策网络中心性排名中敬陪末座。

由以上分析发现，本时期可谓处于政策网络的战国时期，不仅网络角色繁多甚至同一角色内的行动者各自以不同方式、灵活策略开疆辟土、驰骋全场，释出爆量的政治活动力，加上适逢立法院改选这个重大的政治机会之窗，不仅牵一发且因而动全身，使得民间教改团体获此难得的政治机会，与立法院联手夹击教育部，彻底撼动传统威权体制，自此改变台湾教育决策的权力结构。

### （二）小结

#### 1. 民间教改团体在网络互动经验中获得政策学习的机会，藉此调整政策视角与行动策略并进而集体合作

社会学习理论学者罗斯（Rose,1993）与萨巴蒂尔（Sabatier,1993）各自提出政策网络行动者的政策学习偏重了经验学习（lesson-drawing）与政策取向学习（policy-oriented learning），不同于其他社会学习理论焦点，这两位学者强调在政策网络中的学习内容更倾向于关注政策工具的选择以及政策理念的转变。换言之，政策网络行动者的政策学习不仅关注于政策方案等务实经验汲取与运用，同时也致力于政策标的对于价值与信仰的转化[10]，这些政策学习效果如何改变行动者的政策视角进而出现集体合作等特征在本研究中均有所体现。

本时期的行动者在成本考虑的前提之下不约而同地以开会为主要方式与其他行动者建立协调、交换信息的渠道，藉此深入了解政策问题与目的或记取政策干预教训，进而判断是否有更可行之行动策略或政策工具，同时判断推动政策诉求的政治代价与机会成本。同时民间教改团体经由不断的沟通与协商改变各自对政策问题所持的思维倾向与模式，尤其在这种对政策问题之

---

10 学者对于学习理论有不同的解释，包括霍尔（Peter Hall）的社会学习（social learning）、黑勒克（Hugh Helco）的政治学习（politic learning）、萨巴蒂尔（Paul Sabatier）的政策取向学习（policy-oriented learning）、伊西尔黑基（Lloyd Etheredge）的政府学习（government learning）以及罗思（Richard Rose）的经验学习（lesson-drawing）

建构与再建构过程中形塑出不同的透视角度，进而调整对政策问题的认定、诠释与判断。McAdam（1999：48）在一项针对黑人社区的研究中发现，在机会和行为间起中介作用的是人们对所处情境所赋予的主观意义，正因为集体共享意义的产生，使得政治机会和集体政治行动间架起了桥梁。本政策网络正提供两项结构性条件：一是解除戒严的政治机会给人们发出了信号，使民众意识到社会运动的可能性；二是本时期的民间教改团体经过磨合之后，已经在网络内部促生了大量同质化的组织（homogeneous organizations）与互动模式，使之拥有共同的价值体系。换言之在政治机会、民间团体和行动之间起中介作用的是彼此共享的集体认同感（collective identity），而正是这种集体的认知共识才能使他们挑战现存秩序的行为成为可能，因此本时期政策网络的各种角色中，以出现许多共同拟定与选择行动策略的分工合作模式占据多数。

2. **在权力不对称的台湾教改政策网络中，屈居劣势的民间教改团体利用偏差性议题采取策略性框构化手段获得民意的支持，积极塑造话语权以提高自身的网络权力**

　　仅依靠政策之窗的出现与行动者的集结，无法充分解释网络行动者间的集体行动根源与动力，这当中仍需关于集体行动者之复杂的社会心理动力，即行动者之间必须对于问题有共同的意义感，以激起他们集体行动的动力，David Snow 等学者（Snow et al., 1986; Snow and Benford, 1988）因此发展出框构理论（framing），依 Goffman（1974:21）的观点，框架（frame）是"一个人解释外在真实世界的心理基模"（schema of interpretation）；Snow & Rochford（1986:464）则更进一步解释，这样的基模是"一个人用来找到、感知、确认、与分类在其生命与生存的世界中所发生的事件；人唯有通过将这样的事件翻译（rendering）成有意义的认知，才能帮助我们去组织个人或团体的经验，并指引行动"；Goffman（1974:10-11）也认为，在这个世界上，社会事件是随时在发生的，它们散布在世界各处，必须通过转换（transformation）才能成为与个人内在心理有所关联的主观认知，这种转换的过程就是所谓的"框架化"，也就是说，"框架化"是人们将社会存在的真实事件转换成个人主观的思想或认知的重要依据。

　　政治过程论学者以行动者为研究对象，更进一步揭示所谓策略性框构主要利用政治舆论、维持参与士气以及减少反对阻力，其目的为正当化各自的政治诉求，"这些框构往往带有高度的策略性，在其中行动者的真实意图被隐藏起来，表面上所呈现的是某种修饰过后的版本"，而其中偏差性议题的利用便是最佳的切入点。人们可能普遍存著对现状的不满与抱怨，而且对这些不满与抱怨有著自成一套的诠释，运动者或组织可以藉由框架化的历程，将这样的不满或抱怨明确地描绘出来。

而在现代社会中，媒体在框架化的过程中扮演著非常重要的角色（臧国仁，1999；胡晋翔，1994；Snow & Rochford, 1986；Gamson, 1988；Entman, 1993；Gamson etal., 1992）。因为媒体本身是一种强势的符号，通过这样的符号，可以为社会事件提供解释，进而影响民众对这个事件的认知。本时期民间教改团体开始学习利用重大的教育新闻，如校园暴力、师生冲突等事件设计偏差性议题，亦即炒作突发的教育事件以彰显传统教育上的偏差性议题--教育行政权以及教师授教权的过渡滥用，企图重新诠释台湾教育问题与现况。尤其是人本与教权会这个时期开始善用大众媒体，除频频以召开新闻发布会提高媒体曝光率，甚至主动开播节目，定期向广大群众宣扬教育理念，这种善用媒体的力量，既使该会组织的规模有限、知名度不高，仍可通过媒体符号将其观点（亦即组织本身所形塑的"框架"）向外传送，影响目标群体或潜在群体的主观真实，进而形成对抗传统或主流意识的"新框架"。利用政治舆论以维持参与士气并唤起原先不存在的参与热情，再迪过埋念与利益的操作在不同时空环境下重新诠释的策略性框架手段，使之拓展活动空间与增加民意支持度，并从民间社会汲取丰厚的人力与财力资源，在政策网络中获得最高的中心性权力。

### 3. 教育部在政策网络环境中面对政策挑战者却依然遵循政策遗绪而行事，最终造成锁入效果使其网络权力大幅降低

皮尔森（Pierson,1996）曾借用诺斯的路径依赖观点，阐明政策不仅会诱导行动者形成行为习惯、投入时间资源以从事特定的政治活动，行之有年甚至会使得行动者的行为模式被推向难以逆转的路径，任何试图改变该行为模式的尝试都将遭遇顽强的抵抗，此即所谓的锁入效果。在本时期由于民间教改团体分工合作相互增强网络实力，因此，开始对经年掌管台湾教育政策的教育部提出挑战，加上在专业有余、灵活不足的郭部长领导之下，无法顺利带领教育部面对风云不变的台湾社会及民意强烈的挑战，另外，教育部在政务推展上早已出现路径依赖现象，处处囿于组织惰性而依然遵循政策遗绪而

行事，当面对风起云涌的民间力量完全难以理解社会的强烈需求，彼此冲突层级升高在所难免。然而教育部在错愕之余，继续遵循往日政策经验所累积下来的惯例、政策工具照章行事，即使召开第七次"全国"教育会议以平息众怒，企图重新取得教育改革话语权然而并不成功，不仅时时显现捉襟见肘的窘境，甚而改变立场顽强地抵抗民间教改的挑战，推向难以逆转的发展路径，出现锁入效果，使得教育部在政策网络权力大幅降低、教育决策权被严重削弱。

### 4. 立法院的首度全面改选使得立法权扩张并得以与行政权分庭抗礼，导致台湾教育改革网络场域之移转与网络权力结构的重组

民间教改团体经历密切的互动已初步形成合作关系，彼此镶嵌关系加深，本时期为了进一步将彼此累积的社会力转化为政治力，因此需要在既有的政治势力中寻求联盟者，建立一套政治交换关系以落实四一〇大游行之后共同的教改共识与诉求。适逢 1992 年立法院首次全面改选使得在野的民进党有机会进入国会，挑战国民党昔日一党独大、行政凌驾立法的格局。这个再度出现的政策之窗使民间教改团体认识到教育政策新利基的出现，纷纷改变行动策略，利用政治杠杆与在野新科立委在立法院共同搭建舞台，将政策竞争场域由教育部转向立法院并联手挑战传统行政权，台湾教育决策权因此被分割，教育部的网络权力一落千丈，造成本时期政策网络权力结构的重组，本时期也因为角色多元、活动精彩纷呈，整体网络极度不稳定，但网络活动空间急遽扩大。

# 第四章　集体行动、权力重构时期
## （1996-1998）

　　台湾社会至今经历近十年的政治开放、执政当局不再否认民间团体抗争正当性之际，民间团体的抗争活动却日益例行化，以往双方对决摊牌的色彩也逐渐褪大，社会动员成本和抗争风险都因此明显降低。然而本时期较出人意表的发展是民间社会在逐渐摆脱威权压制的同时却开始发生内部分化，前期党政一体化的威权体制与民间社会二元对立的格局逐渐模糊，源于民间社会力的政治反对势力（民进党）逐步独立茁壮，与民间关心政策的改革团体出现区隔与分裂，并开始与执政的国民党争夺政治资源，这种新格局无论对"政府组织"、"政治社会"还是对"民间社会"而言，都获得重新各自定位的机会；同时在诸多社运议题领域，民进党尽管维持著同民间团体的结盟关系，但是从政策网络互动中不难看出彼此的合作处处显得貌合神离，显然民进党更多地将教改运动看作是其动员资源的手段，民间教改团体则面临被"收编"的诱惑而发生质变，有学者扼腕台湾社会力不可避免地走向衰退，有的学者则认为社会力正朝向制度化发展。总之，政策网络的权力关系正重新建构是本时期最重要的特征。

　　本时期的政策网络从吴京部长 1996 年出掌教育部开始，一直到 1998 年卸任为止。吴部长长年旅居国外具有国际视野和思想，宣称教育部就是教改部，一时间俨然成为教改火车头并成为媒体的新宠儿，也受到一般民众的欢迎，"上任以来自诩为'教育改革发动机'的异议性教育部长立刻吸引媒体的全面聚焦，却引发民间教育改革团体、立法院与监察院的审慎观察与约谈，一位民意支持度超过七成的教育部长却被民间团体斥责教育部造成广纳民意的假象，看似大鸣大放实则缺乏诚意的表现"[1]。因此当吴部长带领教育部同仁下乡召开"教改远景座谈会"时屡屡惨遭炮轰、真正的教改议题被模糊化之际，本时期的政策网络正已朝向新的方向转变。

# 一、本时期政策网络背景

由于吴部长上任时民间教育团体与新科立法委员已经联手将"教育改革"塑造成全民运动，加上兼具民间教改代言人与政府谘询双重角色的教改会所规划的教育方案已臻成熟，所以新任部长为重获民心，积极推案的速度远远超越教改会的规划进程，甚至引起监察院的注意并勒令到案说明，加上民众依然对政府推动的教改信心不足，因此即使教育当局主动提出解决方案，只要未经教改会"加持"即被认定缺乏正当性，这种绕过法定部门的迂回作法明显造成教育部门改革无力。此时期教育改革的分裂由教育理念的差异为导火索，通过权力的运用形成争夺主导改革的地位，民间教育改革团体仍然活跃，只不过由当年的改革先锋，退居改革第二线扮演监督教育改革工程的角色。在权力的消长上，教育部门在改革的历程中长期被架空因而急欲重建决策的正当性，但是教改会和民间教改团体丝毫不愿意交出得之不易的主导权且深度畏惧教育部门决策权力的再度集中，在无形中弱化教育部门的原本功能，导致争夺教育决策权的危机。

## （一）教育决策权的争夺战：教改总谘议总报告书出炉与教改推动小组成立

1996 年底,教改会在结束任务前夕为台湾所勾勒的教改蓝图--总谘议报告书-终于出炉，召集人李远哲为落实报告书的内容特别建请"行政院"长连战将教改会改设为永久性的谘询单位，这项建议不仅挑动教育部敏感的神经，更正式引燃战火。

早在 1996 年 6 月教育部长吴京上任之初，教育部便将旧有的规划案加上部长教育理念而临时总结出《十二项构想》，企图与教改会分庭抗礼。9 月教育部与教改会首度举行联席会议双方表示理念相近，但鉴于诸多建言有赖于立法部门的审查与其他部委的配合所以教育部表示难以照单全收，而教改会却提议另请"行政院"设立"教改推动小组"俾利日后施行，吴京部长当然极力反对认为"教育部就是教改部"，甚至曾在立法院听证会抱怨教改会常"督

---

1　主妇联盟会讯.1997.1,23-24.

导"教育部，"把教育部踩在脚下[2]"，显然双方数度沟通失败连召集人李远哲都不得不"承认现阶段与教育部长沟通不良，在总咨议报告书初稿中所提出的十三项改革建议仍尚待沟通。[3]"正当彼此较量不相上下之际民间教改团体的总代言四一〇教改联盟发表声明，要求"行政院"设置跨部会的教育改革推动单位，以真正落实教改会所提方案，教改会与民间教改团体联手架空教育部的企图非常明显，最终"行政院长"裁示由副院长许水德召集成立跨部会层级的"教育改革推动委员会"落实教改会所提建议。

其实这项决议掺杂著民间质疑教育部决策权力的正当性，一时成为教育改革纷乱、失序与停滞之渊薮[18]。教改会与教育部在进行教育改革的规划与决策上，其角色、功能与运作并非单纯的幕僚与执行之互补关系。当初在该会的组织设计上事权混淆即已埋下主导权争夺的伏笔，运作之后摩擦对立台面化也在情理之中。

### （二）民间社会动员能力的展现：冻结宪法教科文预算保障下限

根据台湾《宪法》第 164 条规定：教育、科学、文化之经费，在中央不得少于预算总额的 15%，在省不得少于预算总额 25%，在市、县不得少于预算总额的 35%。明文规定教育经费的下限有其有优点，有助于提供稳定的教育资源，有利长期教育投资，让教育质量保持一定水平；其缺点是限制各级政府经费运用的弹性与调整空间，未能"考虑到教育、科学、文化事业发展过程中的实际需求"[19]，且固定的教育预算比率也有浪费或运用低效之虑。[20]为减轻府财政赤字，1997 年 7 月 16 日台湾国民大会接受财经人士的建议，三读通过冻结《宪法》第 164 条对教科文预算的下限保障，造成全民哗然！

于是民间教改团体紧急动员，"人本一夜之间获得 67 个民间团体的联署，翌日早上数十个教改团体代表联袂上山（阳明山是国民大会所在地）游说国大代表复议……18 日动员群众上山抗议，19 日教改团体全台召开联名记者会，200 多个教改团体同声谴责国代，21 日'抢救教科文预算联盟'成立，并决定 9 月 27 日举行大规模的展开全台的罢课与游行，全台北、中、南串连近两万人参加行动，虽然民间教改团体退居幕后，但此乃继 1994 年四一〇教育改造大游行以来大规模的抗议行动，其筹办费时极短、成效极高的突出表现，再一次展现出民间教改团体强大的动员能力。

---

2　联合报 1966.8.10.

3　民生报 1996.10.11.

经上述针对社会背景、教育重大事件以及网络行动者的互动进行概括描述后，本研究下一节将正式针对政策网络的互换结构进行一系列的分析。

## 二、政策网络互换结构分析：个别、对耦与结构三层次

本节拟以吴京部长主政时期的台湾教育改革政策网络为范围，针对政策网络中的"互换结构"进行三个层次的分析依序为：个别行动者所采取"行动的种类"、两两行动者彼此的"对耦关系"（dyads）、行动者在整个政策网络的角色与位置"结构对等性"（structural equivalence）。

### （一）互换结构的初始构成：行动种类表

承续前两章的架构运用关系数据，将本时期九个行动者的行动归为以下十五类，并进行初步统计如表 4-1 进而分析如下。

表 4-1　吴京部长任期行动种类统计表

| | 声明 | 陈情 | 发函质询 | 动员 | 开会 | 拜会 | 组织 | 演讲 | 协调调查 | 提案 | 记者会 | 委托 | 监督审查 | 出版 | 培训 |
|---|---|---|---|---|---|---|---|---|---|---|---|---|---|---|---|
| 立法院（7） | 7 | 11 | 1 | 0 | 10 | 0 | 0 | 0 | 1 | 3 | 0 | 0 | 22 | 0 | 0 |
| 教育部（9） | 7 | 8 | 16 | 0 | 21 | 4 | 1 | 0 | 1 | 3 | 0 | 0 | 23 | 0 | 0 |
| 教改会（6） | 1 | 0 | 0 | 0 | 21 | 1 | 1 | 22 | 0 | 0 | 0 | 22 | 0 | 0 | 0 |
| 教权会（4） | 0 | 0 | 1 | 1 | 7 | 0 | 0 | 0 | 0 | 0 | 0 | 0 | 0 | 0 | 0 |
| 主妇联盟（4） | 0 | 0 | 0 | 1 | 14 | 3 | 0 | 0 | 0 | 0 | 0 | 0 | 0 | 0 | 3 |
| 人本（12） | 5 | 2 | 0 | 17 | 26 | 3 | 3 | 15 | 0 | 1 | 5 | 9 | 0 | 3 | 7 |
| 振铎（7） | 3 | 1 | 0 | 2 | 4 | 0 | 1 | 0 | 0 | 0 | 1 | 0 | 2 | 0 | 0 |
| 学改会（5） | 2 | 0 | 0 | 0 | 2 | 0 | 0 | 1 | 0 | 0 | 2 | 0 | 1 | 0 | 0 |
| 四一○（8） | 6 | 1 | 0 | 5 | 8 | 1 | 0 | 1 | 0 | 0 | 4 | 0 | 0 | 0 | 1 |

数据来源：作者整理

1. 以各行动者所采取的行动种类多寡观察，立法院与教育因为法定职掌所限，所以活动种类变化不大，依然以审查法案以及开会发函为主；反观这时

期的民间教改团体更进一步减少活动种类，除人本依旧延续以往多元的活动方式（12种）之外，大多仅采取五种左右，这种集中活动种类趋势表明各行动者基于经验的汲取、考虑成本与效益并经过长期的政策学习之后所做的调整。

表4-2　吴京部长任期行动者的主要活动类型

| | 声明 | 陈情 | 发函 | 动员 | 开会 | 拜会 | 组织 | 演讲 | 协调调查 | 提案 | 记者会 | 委托 | 监督审查 | 出版 | 培训 |
|---|---|---|---|---|---|---|---|---|---|---|---|---|---|---|---|
| 立法院 | | 2 | | | 3 | | | | | | | | 1 | | |
| 教育部 | | | 3 | | 2 | | | | | | | | 1 | | |
| 教改会 | | | | | 3 | | | 1 | | | | 1 | | | |
| 教权会 | | | 2 | 2 | 1 | | | 2 | | | | | | | |
| 主妇联盟 | | | | 3 | 1 | 2 | | | | | | | | | |
| 人本 | | | | | 2 | 1 | | | 3 | | | | | | |
| 振铎 | 2 | | | | 3 | 1 | | | | | | | 3 | | |
| 学改会 | 1 | | | | 1 | | | | | | | 1 | | | |
| 四一〇 | 2 | | | | 3 | 1 | | | | | | | | | |

数据来源：作者整理

2. 统计每个行动者所采取行动的前三名以简化网络的主要互换结构后参见表4-2，最常见的活动类型依然是"开会"，在这一阶段开会已成为所有行动者的优先实行方式，因为开会成本低又能提高行动者之间讯息、专业、信任情谊之间的交流，甚至已成为行动者之间赖以学习的主要渠道，尤其是民间教改团体更藉由开会之间的沟通筹划大型活动并扩大彼此的人脉与资源。经过郭为藩部长时期的实践，连教改会也以发起连串会议作为沟通平台，立法院召开听证会更成了每日必备议程，甚至"台大教授贺德芬在谢长廷所主持的听证会时曾剀切地表示，现今的听证会多流于形式，不论与会者话说得如何清楚，批评得如何沉重，官方代表总是皮不痛、肉不痒地颇有应对之道"[4]。听证会这项政策工具虽然大行其道但成效有限，形式与实质效益逐渐出现剥离现象。

---

4　人本教育札记.（62）17.

3. 其次"动员抗议"是所有活动种类中成本与难度最高的行动，因为除需要足够资金的提供，更需具备充沛的人脉与渠道才能完成，这时期这种高成本的行动类型竟然位居第二，显示民间教育团体筹集有形的金脉与无形的人脉之掌控已经是驾轻就熟。换言之，集体行动已具雏形。紧随其后的依旧是"监督审查"这项活动之所以高居第三是由于立法院、教育部基于职权必须参与；加上这时期延续《教师法》、《师资培育法》草案在立法院审议，所以民间教育团体已固定派员"常驻"立法院，一方面监督法案、甚至参与国民党与民进党的党团协商或直接提供许多教育委员会立委"提案版本"以表达各自的教育诉求。

### （二）互换结构的基本系络：二方组与二方谱

承续前两章的分析架构，依据数据库将本时期行动的方向与活动种类予以"强度加权"，转换整理出一个赋予方向、不同强度数值的"有向多值"邻近矩阵，以显示出彼此的综合关系强度，资料如表4-3。

接下来利用"二方组"分析政策网络中行动者两两间综合互动强度与方向，是研究政策网络中互换结构的第二个层次，也是解读网络脉动的首要任务。因为可藉由行动者间彼此连带的强弱关系，观察个别行动者面对其他行动者的互动强度与方向，更能展现整个网络的动态变化与彼此影响力的发散方向。另一方面加总所有的二方组数据，加以简化成整体互动关系比例二方谱，进而展现本时期政策网络的总体稳定程度。

**表4-3　吴京部长任期政策网络有向多值邻近矩阵**

|  | 立法 | 教育 | 教改 | 教权 | 主妇 | 人本 | 振铎 | 学改 | 四一○ |
|---|---|---|---|---|---|---|---|---|---|
| 立法 | 0 | 12 | 1 | 3 | 5 | 6 | 5 | 2 | 7 |
| 教育 | 7 | 0 | 10 | 2 | 1 | 5 | 4 | 1 | 3 |
| 教改 | 0 | 11 | 0 | 1 | 2 | 2 | 1 | 1 | 0 |
| 教权 | 4 | 4 | 3 | 0 | 17 | 17 | 16 | 10 | 13 |
| 主妇 | 5 | 3 | 1 | 17 | 0 | 16 | 16 | 10 | 13 |
| 人本 | 4 | 2 | 3 | 17 | 16 | 0 | 17 | 10 | 13 |
| 振铎 | 5 | 1 | 1 | 16 | 16 | 17 | 0 | 6 | 12 |
| 学改 | 3 | 1 | 1 | 10 | 10 | 10 | 10 | 0 | 10 |
| 四一○ | 3 | 1 | 0 | 13 | 13 | 13 | 12 | 10 | 0 |

数据来源：作者整理

### 1. 二方组

| 立法院 | VS. | 教育部 | 7：12 |
| | | 教改会 | 1：0 |
| | | 教权会 | 3：4 |
| | | 主妇联盟 | 5：5 |
| | | 人本 | 6：4 |
| | | 振铎 | 5：5 |
| | | 学改会 | 2：3 |
| | | 四一〇 | 7：3 |

　　立法院在本时期对于其他行动者的耦合强度明显降低，尤其是面对教育部与四一〇，虽然教育部依然面对外界诸多指责，但是立法院与教育部彼此耦合强度依然不对等，表示彼此的需求与权力结构有逆转消长之势。至于与其他民间团体耦合强度，相较前一时期明显陡降，究其原因，源于三大教育法案《大学法》、《教师法》、《师资培育法》审议过程都进入尾声，较具争议性的条文都已解决，所以像学改、人本、振铎虽依旧派员常驻立法院，但彼此关系已不再紧张，互动强度自然降低不少，仅保持低度的互惠关系。反倒是以动员为宗旨的四一〇首度与立法院的对耦强度出现逆转，由于立法委员以搭便车的心理寄望参加或主动配合四一〇的活动，藉此提高自身的曝光率以增加选票。

| 教育部 | VS. | 立法院 | 12：7 |
| | | 教改会 | 11：10 |
| | | 教权会 | 4：2 |
| | | 主妇联盟 | 3：1 |
| | | 人本 | 2：5 |
| | | 振铎 | 1：4 |
| | | 学改会 | 1：1 |
| | | 四一〇 | 1：3 |

　　这时期教育部与所有的行动者之间的对耦强度都降低，相对而言，与立法院及教改会反倒强度较高，由于与教改会在教改结论与后续执行各方面意见出现分歧而关系陷入紧张导致对耦强度偏高。教育部与民间教改团体的对耦强度相当低，尤其是面对人本与振铎完全屈居下风。

| 教改会 | VS. | 立法院 | 1：0 |
| | | 教育部 | 10：11 |
| | | 教权会 | 3：1 |
| | | 主妇联盟 | 1：2 |
| | | 人本 | 3：2 |
| | | 振铎 | 1：1 |
| | | 学改会 | 1：1 |
| | | 四一〇 | 0：0 |

　　即使立法院曾特邀李远哲赴立法院以专家身分与会说明台湾教育改革看法，但是基于法定权责，教改会不必向立法院负责，所以教改会与立法院之间的耦合强度极低，如上所述由于彼此的立场观点之争。因而与教育部维持较多的互动强度。教改会与其他民间教改团体之耦合强度都明显偏低。

| 教师人权促进会 | VS. | 立法院 | 3：4 |
| | | 教育部 | 2：4 |
| | | 教改会 | 1：3 |
| | | 主妇联盟 | 17：17 |
| | | 人本 | 17：17 |
| | | 振铎 | 16：16 |
| | | 学改会 | 10：10 |
| | | 四一〇 | 13：13 |

教权会这时期与网络中的对耦关系明显出现官方与非官方的巨大差距，该会与所有民间教育团体都保持一定程度的对耦强度且完全维持互惠对等关系，显示彼此合作娴熟且密切，具有高度的镶嵌性与稳定性。至于另外三个官方行动者虽互有高低，但耦合强度都相当低。

| 主妇联盟 | VS. | 立法院 | 5：5 |
| | | 教育部 | 1：3 |
| | | 教改会 | 2：1 |
| | | 教权会 | 17：17 |
| | | 人本 | 16：16 |
| | | 振铎 | 16：16 |
| | | 学改会 | 10：10 |
| | | 四一〇 | 13：13 |

主妇联盟本时期对耦概况与教权会类似，出现官方与非官方巨大差距。该会与所有民间教改团体都保持对耦强度且完全维持互惠对等关系，显示彼此合作密切、关系高度稳定，至于另外三个官方行动者虽互有高低，但耦合强度都相当低。特殊的是监督法案审查并非主妇联盟的强项，本时期竟然与立法院出现较高互惠关系，甚至高过游说能手教权会，或许是向来关心生活议题，积极参与立法委员所召开或联手召开的听证会，因此反倒拉高彼此的互动强度。

| 人本教育基金会 | VS. | 立法院 | 6：4 |
| | | 教育部 | 5：2 |
| | | 教改会 | 2：3 |
| | | 教权会 | 17：17 |
| | | 主妇联盟 | 16：16 |
| | | 振铎 | 17：17 |
| | | 学改会 | 10：10 |
| | | 四一〇 | 13：13 |

本时期人本与教权会、主妇联盟、振铎形成牢不可破的"铁四角"，不仅彼此的对耦强一致且表现出高度互惠与镶嵌性。虽然与官方的对耦强度明显低落，但相较于其他民间教育团体，人本依旧保持较高的对耦强度，甚至面对教育部与立法院，人本还略居上风。

| | 立法院 | 5：5 |
|---|---|---|
| | 教育部 | 4：1 |
| | 教改会 | 1：1 |
| 振铎学会 VS. | 教权会 | 16：16 |
| | 主妇联盟 | 16：16 |
| | 人本 | 17：17 |
| | 学改会 | 10：6 |
| | 四一〇 | 12：12 |

| | 立法院 | 2：3 |
|---|---|---|
| | 教育部 | 1：1 |
| | 教改会 | 1：1 |
| 大学教育改革促进会 VS. | 教权会 | 10：10 |
| | 主妇联盟 | 10：10 |
| | 人本 | 10：10 |
| | 振铎 | 10：6 |
| | 四一〇 | 10：10 |

| | 立法院 | 7：3 |
|---|---|---|
| | 教育部 | 3：1 |
| | 教改会 | 0：0 |
| 四一〇 VS. | 教权会 | 13：13 |
| | 主妇联盟 | 13：13 |
| | 人本 | 13：13 |
| | 振铎 | 12：12 |
| | 学改会 | 10：10 |

如同上述的"铁四角"，振铎在这时期主要的互动对象为民间组织，彼此对耦强度明显高于官方行动者，且高度的互惠与强连带显示新结盟关系的形成，唯独对于学改会出现不对称的耦合强度，至于另外三个官方行动者虽互有高低，但耦合强度相当低，只与立法院依然保持低度但互惠的友善关系，与教育部则保持低度却不对等的耦合关系。

这时期由于《大学法》已修法完竣，所以学改会的教育诉求不再强烈，仅选择性参加其他民间教育改革团体所共同举办的合作，所以对于教权会、主妇联盟、人本与四一〇的耦合强度完全一致，唯独对于振铎出现较低的耦合强度；当然对于教育部、立法院与教改会的互动强度相当低。

身为代表多数民间教改团体执行共同决议事项的四一〇，自然成为各方最佳的交流合作平台，因此四一〇与其他民间教育团体的互动频繁且完全维持互惠，显示合作关系非常稳定。至于另外三个对耦强度极低的官方行动者，与立法院的互动较高，成因源于四一〇的动员活动较为容易吸引媒体的目光与报导，往往成为立法委员曝光的机会，反倒出现不对称的耦合强度。

## 2. 二方谱（M, A, N）— （22,17,6）

本节依然将三种同类构--互惠对 M（mutual）、不对称对 A（asymmetric）、虚无对 N（null）共同标记为＜M,A,N＞，以包含网络中所有行动者之间可能存在的所有二方关系，各自统计数目后并按比例约化出网络二方谱＜22,17,6＞，呈现出这时期的网络关系显示，代表不稳定关系的不对称对比例（17）首次低于代表网络关系稳定的互惠对（22），若加上虚无对（6）的比例总和，可以判断在吴京部长主政时期的教改政策网络关系已趋稳定。这种逐渐"固化"的过程正是网络"制度化"的特征。

### （三）互换结构中的位置与角色：结构对等性

首先通过表 4-3 有向多值邻近矩阵中"行"与"列"关系数据，运用 ucinet-6 软件中"皮尔森相关系数法"测算彼此的关系截面相似性，以分析出行动者间的关系强度，经过测算之后据此建立结构对等性的矩阵（如表 4-4），分析两两行动者关系截面之相似程度。

表 4-4　吴京部长任期结构对等性矩阵

Pearson Correlation/Structural Equivalence Matrix（吴京-有向多值）

|  | 1. 立法院 | 2. 教育部 | 3. 教改会 | 4. 教权会 | 5. 主妇联盟 | 6. 人本基金会 | 7. 振铎学会 | 8. 学改会 | 9. 四一〇 |
|---|---|---|---|---|---|---|---|---|---|
| 1. 立法院 | 1.00 | -0.51 | 0.74 | 0.09 | -0.02 | -0.04 | 0.01 | -0.05 | -0.02 |
| 2. 教育部 | -0.51 | 1.00 | -0.08 | -0.80 | -0.76 | -0.77 | -0.70 | -0.86 | -0.79 |
| 3. 教改会 | 0.74 | -0.08 | 1.00 | -0.49 | -0.57 | -0.54 | -0.48 | -0.60 | -0.63 |
| 4. 教权会 | 0.09 | -0.80 | -0.49 | 1.00 | 0.99 | 0.97 | 0.96 | 0.94 | 0.94 |
| 5. 主妇联盟 | -0.02 | -0.76 | -0.57 | 0.99 | 1.00 | 0.98 | 0.97 | 0.95 | 0.96 |
| 6. 人本基金 | -0.04 | -0.77 | -0.54 | 0.97 | 0.98 | 1.00 | 0.98 | 0.92 | 0.96 |
| 7. 振铎学会 | 0.01 | -0.70 | -0.48 | 0.96 | 0.97 | 0.98 | 1.00 | 0.97 | 0.95 |
| 8. 学改会 | -0.05 | -0.86 | 0.60 | 0.94 | 0.95 | 0.92 | 0.97 | 1.00 | 0.95 |
| 9. 四一〇 | -0.02 | -0.79 | -0.63 | 0.94 | 0.96 | 0.96 | 0.95 | 0.95 | 1.00 |

资料来源：绘自 ucinet-6

从表 4-4 相关资料发现主妇联盟与人本的结构对等性最相似，彼此相关系数高达 0.96 度，反之立法院与救盟的结构对等性差异最大，彼此相关系数仅 -0.35 度。进一步进行"聚类分析"得出图 4-1 的结构图俾利更为直观概括的认识。

图 4-1 吴京部长任期有向多值结构对等性聚类图

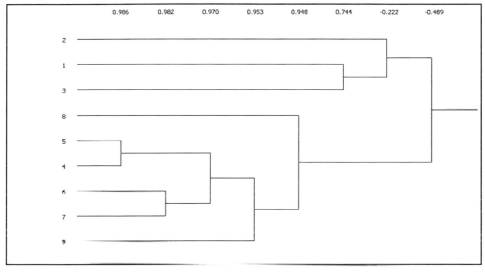

资料来源：绘自 ucinet-6

由本时期的结构对等性聚类图中可发现网络结构的基本关系与特色。在相似系数高达 0.986 度的水平时 9 个行动者共被分为 8 组，因为 5 号主妇联盟与 4 号教权会的关系截面一致，两者与其他行动者的关系强度与互动频次近乎相同，即二者在网络结构上的位置相同、角色可以互换；在相似系数 0.982 度的水平时，9 个行动者进一步被分为 7 组，因为 6 号人本与 7 号振铎关系截面一致，由于这两个截面向似度仅相差 0.004，事实上可视为同一层各自形成结构对等；然而在相似系数 0.970 度的水平时 9 个行动者进一步被分为 6 组，因为前面两组结构对等，不仅彼此互动截面极为类似，而且两组（5 号主妇联盟与 4 号教权会、6 号人本与 7 号振铎）关系截面也相差无几，换言之彼此不仅网络位置一致且扮演同样的角色，值得注意的是在相似系数 0.953 度与 0.948 的相似度时（相差甚微可视为同一层），仅剩结盟团体四一〇与学改会也同步加入同一集团相似系数达成一致。显见这时期从相似度 0.986 至 0.948，短短不到 0.04 度的差距就使 6 个民间团体的网络结构位置达成一致。

换言之，民间教育团体的截面相似性极高，彼此采取一致的行动策略甚至是一致的集体行动因此结构对等性非常高。而官方机关立法院与教改会至0.744 才形成结构对等，至于教育部竟然迟 0.049 才勉强与立法院及教改会出现结构对等，虽即如此同构系数由 0.948 陡降至 0.744 相似性几乎谈不上。如同上时期的网络结构教育部是高度的"孤立者"与其他的行动者几乎没有共同性或合作的空间，官方三个行动者的结构对等至最后一层次-0.222 才对等可略而不论，表示这时期官方三个行动者各自成为孤立者，非官方的六个行动者完全成为联盟。据此在吴京部长主政时期的台湾教育改革政策网络中，可以发现：

1. 网络结构对等相似系数相当接近的六个民间教育团体，从二方组观之除个别对于官方行动者教育部、立法院与教改会出现高低不等的耦合强度外，对其他民间团体的对耦强度相差无几，显示彼此行动策略一致且高度互惠，足以证实这时期"集体行动"已经形成，尤其对教改政策具直接法定决策权的教育部或教改会，民间教育团体鲜少单打独斗以争取支持，前两个时期的"直面挑战"行动不再。

2. 相似系数间距拉大至 0.404 才出现结构对等性的是立法院与教改会，这两个互动不频繁的行动者相较于教育部，依然具有一定程度的相似性。究其原因，这两个行动者具备官方性质，所以不免必须"依法行事"，虽然彼此法定业务并未设计基本互动，但是二者都依然与教育部保持一定的互动频次与相对较高的对耦关系。本时期的绝对"孤立者"依然由教育部蝉联，民间教育团体对于教育部的主动接触与挑战不再，除吴部长新上任时民间团体抱著高度期待争先恐后与之沟通，"四一○去函吴京部长拜见被拒，后来通过立委出面邀约部长与民间进行沟通但是诚意与成效实在令人失望"[5]。教育部长吴京首次会见民间教改团体则因团体数众多每人只能三分钟发言教改团体讥为'大拜拜'[6]。

---

5 主妇联盟会讯.1997.1,23-24.
6 中国时报.1996.10.17.

图 4-2　吴京部长任期政策网络之角色简化类型图

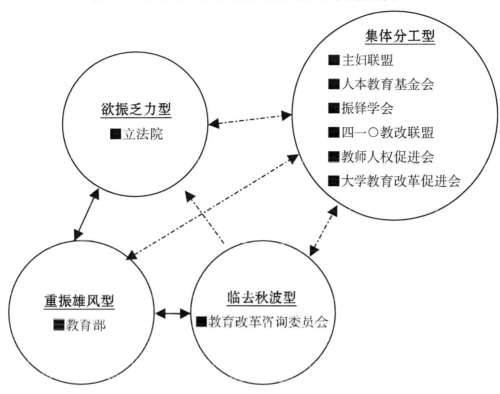

\* 实线指强联结、虚线指弱联结

资料来源：作者自绘

本时期的结构对等相似系数呈现巨大落差，前五层差距非常细微，至第六层突然由 0.948 陡降至 0.744，至此出现非常明显的"自然断裂"，以此作为网络结构简化的分割处，因此本政策网络的基本角色共分成四类（如图 4-2）：第一个类型是"集体行动型"，由高度合作而集体行动的所有民间教育团体所组成，包括教权会、主妇联盟、人本、振铎、学改会与四一〇，其他三类型则为本网络中仅剩的三个官方组织；第二类型"欲振乏力型"，则是指风光不再的立法院；第三种类型则是"重振雄风型"指的是经历上时期多方责难而今企图夺回主导权的教育部；第四类型"临去秋波型"只仅剩半年即将解散的教改会一反前期孤芳自赏的"中立"态度，积极插手后续教育改革的执行方式。

## 三、政策网络动因结构分析：行动者与制度的交会

政策网络中行动者为了生存或提升自身控制资源或他人的能力，会审度自身的条件并评估所处的环境而采取行动或拟定策略，因此，本节拟先理解行动者之间的动因结构，并演绎出互换结构之所以产生的深层因素。

### （一）网络互换结构之动因分析

政策网络除行动者动态进行所形成的"互换结构"外，同时存在"动因结构"，所谓动因结构是指网络行动者抱持不同的政策诉求与当时的制度环境相互抵触、融合所形成的动态关系。本节拟依据前三章不同时期互换结构--行动种类、对耦关系、结构对等性的分析——演绎归纳出互换结构之所以运行的背后动因。

#### 行动种类

1. 政策学习之后回归法定职掌。由于本时期网络的紧张关系有所舒缓、激化行动减少，网络行动者经过政策学习之后纷纷明白解决冲突渠道，于是回归体制内的沟通渠道。立法院与教育依然以审查法案以及开会为主，此外由于立法院的陈情渠道畅通因而次数增加，教育部也回复原本的公文往返以及回复立法院日渐成熟的质询。

2. 合作经验日益丰富加上政策学习后，在成本以及利益最大化的考虑下，民间教改团体进一步减少活动种类，大多仅采取五种左右，这种集中活动种类也是政策学习之后的经验总结，加上多数活动中民间教改团体大多全员参与，显示集体行动俨成形。

3. 由于人本的组织过程有效建立，因此无论网络如何变迁，该会的例行业务依旧运作如常，所以本时期仅有人本依旧延续 12 种行动种类制式化，也使得该组织发展迅速。

4. 开会成本低又能提高行动者之间讯息、专业、信任情谊交流，甚至已成为行动者间赖以学习的主要渠道，尤其是民间教改团体更藉此扩大彼此的人脉与资源，功能连带的形成使这种互动方式定型化。

5. 台大教授贺德芬曾批评现今的听证会多流于形式，不论与会者批评得如何沉重，官方代表总是虚与委蛇应对，听证会这项政策工具虽然大行其道但成效却逐渐有限，以致逐渐成为立法院政策遗绪的表征。

6. 教改会开动"教改列车"由各委员下乡全台到处演讲、听取民意，以拉高演讲的行动次数；而发表声明依然是面向大众表达诉求与争取支持的最佳方法，这些改变都显示该会企图运作共识动员以增强其合法性。

7. 民间教育团体已固定派员"常驻"立法院监督法案，甚至参与国民党与民进党的党团协商会议，或直接提供立委"提案版本"以表达各自的教育诉求，企图利用法制程序与法案监测发挥专业能力。

**对耦关系**

**1. 连带强弱**

（1）法治程序的递嬗造成竞争场域转移，进而影响立法院的对耦关系。立法院与其他民间教改团体耦合强度较前时期明显陡降，源于三大教育法案《大学法》、《教师法》、《师资培育法》审议接近完竣，最具争议的条文都已协商审议，所以学改、人本、振铎虽依旧派员常驻，但彼此关系已不再紧张，仅保持低度的互惠关系。

（2）环境监测后调整合作对象。行动者监测到重大教育法案之立法程序已近尾声，教改网络的场域以及运用政治杠杆的条件将发生转变，所以立法院转而与关心民生议题的主妇联盟增加互动频次与对耦强度。

（3）争夺法定权威。诊断教育问题的教改会与教育部的意见有所出入，加上双方因政策合法性与法定决策权威不明，所以唇枪舌战之际致使对耦强度提高。

（4）集体行动形成优势联盟。所有民间教育团体都保持一定的对耦强度与互惠对等关系，显示彼此关系稳定且高度镶嵌于政策网络。考察活动内容，发现民间教改团体共同策划动员抗争的次数日增，显然集体行动已促成优势联盟。

**2. 发散方向**

（1）立委基于搭便车的心理，调整策略主动争取参与四一〇的活动。以动员为宗旨的四一〇首度与立法院的对耦强度出现逆转。换言之，新科立委必须仰仗或以搭便车的心理，主动争取参与四一〇的活动，以增加自身的曝光程度与民意支持度。

（2）集体行动的形成使得民间教改团体产生双向对耦关系。所有的民间教育团体都出现较高对耦强度，而且大多为双向的互惠关系，集体行动使得彼此之间的对耦关系以双向为主。

### 结构对等性

1. 由于民间教改行动者彼此间的组织过程尤其是系统控制相似性（民间协会组织有别于官方部委），经过数年的合作经验更使彼此的合作形式由共同涉险、共同策划，进而策略联盟，所以这时期的六个民间教改团体所扮演的角色更为集中形成为优势联盟。

2. 经过多年经验磨合，民间教改团体所形成的集体目标已经使合作关系更为牢固，其中人本、振铎、教权与主妇联盟在网络的地位（status）与实力（power）旗鼓相当，具备高度的结盟关系，已形成固定的"铁四角"关系。至于学改会则并未从根本改变其政策视角而真正关心全面教育改革，只是囿于多年来民间教改团体间所形成的互惠规范，使得学改会无法免俗地出席民间教改活动，因而这时期的行动策略与四一〇更为相符。

3. 制度安排引起策略调整。由于教改会的两年解散期限将至，四一〇及主妇联盟积极与之沟通，以争取个别政策偏好能纳入该会出台的谘议报告书中，所以四一〇以及主妇联盟不约而同采取相同的行动策略、扮演类似的角色。

4. 法定职掌：立法院与教改会互动并不频繁，但彼此皆具有官方性质，不免必须依法行事，虽然彼此的法定业务并无交集，但是二者都与教育部保持一定的互动与对耦关系。

### （二）政策网络之动因结构

依据上述互换结构三层次的分析，初步归纳出这时期的动因结构，如表4-5。

### 表4-5　吴京部长任期政策网络之动因结构

| 互换结构／<br>动因来源 | 行动者因素 | 制度性因素 |
|---|---|---|
| 行动种类 | 组织过程、法定职掌、政策学习、增强合法性、法案监测、专业能力、合作经验、功能连带 | 法制程序、政策遗绪 |
| 对耦关系 | 策略调整、环境监测、集体行动 | 法制程序、法定权威、竞争场域 |
| 结构对等性 | 搭便车、组织过程、法定职掌、合作经验、集体目标、网络地位 | 互惠规范、制度安排 |

资料来源：作者自制

本时期影响互换结构的深层动因中行动者性因素依然多于制度性因素，而行动者因素之中组织本身的先决条件，如成员特质（包括组织过程、法定职掌）、组织能力（包括学习能力、监测能力、专业能力、策略调整能力）以及组织个别动机（包括增强合法性）为关键因素；制度性因素主要有三类，一是刚性制度规定，如法制程序、法定权威，其次为制度安排，如教改会的限期结束，再次则源于重大事件发生所导致网络环境变化，这些因素将共同构成动因结构。

## 四、政策网络的权力分布：中心性之分析

政策网络分析有助于了解现代社会复杂且多元行动者间互动的政治过程，（Jordan,1990; Rhodes and Marsh,1992; Smith,1993），尤其是对于政策网络中的权力分析更是研究决策过程中的首要任务。本研究拟再度利用表 4-4 有向多值邻近矩阵数据，结合社会网络分析技术的中心性测度，衡量行动者的影响力大小。将上述数据输入社会网络分析软件 UCINET-6，依据以下路径 Network>Centrality>Degree 得出九个行动者中心度数以及排名，整理如表 4-6。

**表 4-6 吴京部长任期行动者中心度及排名**

| 吴 京 | | | |
|---|---|---|---|
| 编码序号／行动者 | | 中心度 | 排序 |
| 1 | 立法院 | 22.79 | 8 |
| 2 | 教育部 | 25.74 | 7 |
| 3 | 教育改革咨询委员会 | 14.71 | 9 |
| 4 | 教师人权促进会 | 58.09 | 4 |
| 5 | 主妇联盟 | 58.82 | 3 |
| 6 | 教育人本基金会 | 63.24 | 1 |
| 7 | 振铎学会 | 59.56 | 2 |
| 8 | 大学教育改革促进会 | 36.77 | 6 |
| 9 | 四一○教育改造联盟 | 52.21 | 5 |

资料来源：绘自 ucinet-6

1. 在吴京部长任内台湾教育改革政策网络中的九个主要行动者，人本的中心度数最高，中心度高达 63 度以上，蝉联宝座、高居第一，显然前一阶段郭为藩部长任内所实行的行动策略已为该组织巩固网络地位与影响力。紧追其后的依序是振铎、主妇联盟、教权会，三者中心度数也接近 60 度彼此差异并不大，甚至排名第五的四一〇也高达 52 度，以上前五名已明显形成领先群体，足见集体行动的效果卓著。其后是向来居中间地位的学改会，依然位居第六，仅高于三个官方行动者。

2. 教育部与立法院中心度偏低，各自取得度数仅为 26 度与 23 度左右，排名第七与第八。如上一节的分析，这时期官方与民间团体不仅行动策略泾渭分明，而且民间已形成牢不可破的联盟关系；反观其他三个官方行动者居强弩之末，还为巩固行政权、维护立法权并争夺决策权而相互争斗不止。所以向来标榜为教育把脉的教改会这时期依中心度数仅 15 度不到，敬陪末座位居第九。

3. 本时期网络中心性排名变化最大的是立法院，可谓步上教育部的后尘，一路保持前三名的立法院至此却陡降到第八名，且中心性度数与第七名的教育部相去不远。加上延续前时期依然敬陪末座的教改会，本政策网络中所有具备官方色彩的行动者权力指数完全降至谷底，这是本时期最重要的权力结构特征。

# 五、综合分析与小结

## （一）政策网络互换结构、动因结构与权力综合分析

本节拟结合政策网络"互换结构"三层次，观察如何与"动因结构"相互作用进而影响网络中心度排名（如表 4-7），并以结构类型为切入点，综合分析本时期的网络形构与动态特征。

表 4-7　吴京部长任期互换结构、动因结构与权力综合分析表

| | ACTORS | EXCHANGE STRUCTURE | | | INCENTIVE STRUCTURE | | Centrality |
|---|---|---|---|---|---|---|---|
| | | Activities | Dyads（M, A, N） | Structural Equivalence（types） | | | |
| 吴京部长 | 立法 | 开会-质询-法案 | | 欲振乏力型 | 制度性 | 法制规定 | 8 |
| | 教育 | 发函-法案-开会 | 22:17:6 | 重振雄风型 | | 政策遗绪 | 7 |
| | 教改 | 委托-开会-演讲 | | 临去秋波型 | | 竞争场域 | 9 |

| 教权 | 开会-发函-动员 | 集体行动型 | | 成本考虑 政策视角 | 4 |
|---|---|---|---|---|---|
| 主妇 | 开会-拜会-动员 | 集体行动型 | 行动者 | 组织目标 | 3 |
| 人本 | 开会-动员-演讲 | 集体行动型 | | 集体行动 | 1 |
| 振铎 | 开会-声明-动员 | 集体行动型 | | 策略调整 | 2 |
| 学改 | 开会-声明-记者会 | 集体行动型 | | 政策学习 | 6 |
| 四一〇 | 开会-声明-动员 | 集体行动型 | | 共识动员 | 5 |

资料来源：作者自绘

### 1. "重振雄风型"：教育部

经过上个时期的全面溃败，企图夺回教育决策权是本时期教育部的策略主轴与组织目的。此历经数十年威权体制下运作的官方部门，企图在短时间之内扭转积习已深的路径依赖并非易事。本时期教育部已重新调整步伐，恢复传统的行政程序，以发函、立法与开会为主要活动方式，但是对于整体教改政策网络的政策视角终于有所调整，领悟到行政权力不再万能，民间与立法亦不能完全削弱或分食其教育决策权，所以教育部终于调整其行动策略，不再被动接受各界的挑战，而是主动出击，积极利用媒体宣传推出各种教育政策，一时颇有重振雄风之姿。然而事实上在整个教改政策网络中，不仅民间教改团体退居二线、密切监督教改会的总报告书，同时还得面对教改会的教育决策权限之争以及立法院日膨胀的立法权，所以教育部本时期所采取的行动策略完全仅具边际效应，无法真正撼动民间教改团体所确立的话语权与教改方向，所以网络中心性排名未见提升。

### 2. "临去秋波型"：教改会

这时期教改会正是处于攸关存亡之秋，由于该会法定的两年任期即将届满，这个制度性因素使得教改会焦虑异常，一改往日孤芳自赏的行事作风，积极展开下乡演讲，藉以宣扬其教改理念，同时频繁召开会议以听取民意，企图达到共识动员的目的。加上民间教改团体在一旁煽风点火，灌输其根深蒂固的政策视角--教育部必将教改会的教改建议束之高阁、恣意施政--这更加速教改会与教育部决策权限之争浮上台面，造成本时期的网络竞争场域由立法院转移至此。其实教改会两年来所扮演角色不过是民间教改团体的"代言人"，因此这些局部的策略调整成效有限，不过是让官方资源更加内耗而已，其网络中心性自然依旧敬陪末座。

### 3."欲振乏力型"：立法院

上个时期由于组织规定的改变致使立法院重获新生，在教改政策网络之聚光灯下扮演主角，与民间教改团体操弄政治杠杆而确实削弱行政权在教育决策中的力量。然而本时期立法院再度经历二届改选，原本叱咤风云的民进党立委却因为选举的获胜，造成党团领导立委，致使民间教改团体与之合作的政策网络空间急剧限缩，同时立法权的膨胀也使得立法院在教育议题上的关注程度锐减。即使部分立委依然频频召开听证会涉足教改议题，然而一切都仅流于形式，短短数年立法院便步上教育部的后尘，政策遗绪、照章办事成为常态，反倒失去在教改政策网络中的有利地位，因此政策网络中的中心性急速降至第八名。

### 4."集体行动型"：教权会、主妇联盟、人本、振铎、学改会、四一○

六个民间教改团体全归为此型，显示原本相异的教育理念经过数年的政策学习、策略调整等互动磨合之后，如今不仅成功整合共同的政策诉求"民间教改蓝图"，而且这个时期除开会之外成本极高的动员抗议也成为民间教改团体的主要动方式，可见"集体行动"的模式俨然形成，而且此类型的行动者，其中心性排名包揽前六名，显示民间教改团体所汇聚的行动力，终于改变台湾教改政策网络的权力结构，在政策文本出台之前集体夺得实质决策权力，其共同理念与政策诉求自然顺利纳入即将出台的政策文本之中。

由以上分析发现，本时期可谓处于政策网络的成熟时期，不仅网络角色略简，甚至六个民间教改团体业经集体行动整合为同一角色；反倒三个官方行动者随着政治环境的递嬗与制度性因素的转变，改变行动策略相互争夺正式法定的教育决策权力。事实上经过数年的网络博弈，台湾教改政策的网络权力结构已大致抵定，所以本时期的整体网络结构趋于稳定。

## （二）小结

### 1. 民间教改团体运用集体行动以达成利益汇聚，进而形成新的动员结构，彼此互动出现"固化"现象

从网络初期的相互试探、多方摸索，经历日渐频繁的网络互动后，民间教改团体汲汲吸取经验与教训，从中快速了解政策问题与目标，深度学习、挑选更为可行的行动或政策工具，之后在频频召开的会议中进一步深化交流，更有利于政治代价与机会成本的精算。所以当民间教改团体经历如此密集广

泛的政策学习后，更易于改变原来对政策问题所持的思维倾向与模式，尤其对政策问题之建构与再建构过程中，逐渐形塑出不同的透视角度，进而使之对政策问题的认定、诠释与判断能力大大提高，所以最终将彼此复杂纷呈的教育理念整合成有力的共同政策偏好。因此本时期的政策网络中六个民间教育团体已经结盟成压力团体，无论在行动方式、行动策略甚至政策诉求都已经达成共识并形成新的动员结构，而且基于他们自我最大利益追求的原则作理性的抉择，考虑行动的可能选择、评估报酬与制裁、成本与利益，快速开展积极有效的集体行动以控制新资源。

诺斯（North，1990）的研究发现，在特定的时空条件下由集体互动形式所认可并行之有年、积聚成习所架构出来的稳定游戏规则，可以降低集体活动的交易成本。民间教改团体之间经由前两阶段的尝试，已经探索出更为高效互惠的策略以及互动方式，彼此之间由于政策学习对于政策视角的调整日趋成熟，对于局势的判断以及其他行动者的资源、能力、诉求都具备相当的了解，所发展出的集体行动将相异的需求整合并转变成政策替选方案，以改变政策网络中不利的处境与挑战，彼此合作策略已具稳定性与常态性，交易成本的降低将有助于行动的效果，彼此的互动对象出现"固化"，这时期台湾教改政策网络互动明显转趋稳定，呈现出新的动员结构。

**2. 教改会与教育部为争夺教育改革决策权而采取错误的行动策略，尤助于彼此的网络权力，操控教育改革话语权的民间集体角色，反倒依然牢牢掌握实质政策网络权力**

教育部与教改会的权力之争成为这个时期的重头戏。吴京部长积极明快的作风与前任专业却保守的郭部长形成强烈的对比，但吴部长基于自身的教改理念急于推案，频频端出"拼盘式"的改革方案；教改会则认为上有"行政院"的支持、下有民间教改团体的奥援，因此将自身在教改政策网络中的定位由临时性的谘询机构，无限上纲为台湾教育改革的总舵主，这种错位所导致的种种行动策略使得教育部惴惴不安，进而导致两者兄弟阋墙，教改决策因此内耗不断，反倒延滞了台湾教改的进程。反观退居二线的民间教改团体，这几年的努力将各自整合出的教育理念与教改方向深植人心，不仅教改会的总谘议报告书内容成为民间团体的理念与诉求代言，连教育部也随着教育改革潮流，不仅吸纳教改议题同时甚至开始套用教改说词，显示多年来的努力早已取得社会正当性，所以即使教育部与教改会尖锐对立，其所争夺的仅为台面上法定的决策权威而已，二者的网络中心性依然偏低，而民间教改团体则依然牢牢掌握教改政策网络实权。

3. **立法院二度改选造成台湾政党政治的发轫与运作，反倒削弱其操作教改政治杠杆的空间，政策竞逐场域急遽缩小，影响力也随之明显降低**

本时期网络权力变化最大的是立法院，经过二度改选后在野民进党与执政国民党形成对峙态势，致使党团（政党常驻立法院传达党之立场与意志的代表）操控削弱了个别立委的政治活动空间，党团的利益考虑凌驾一切，使得民间教改团体与当年携手并肩作战的在野党渐行渐远。在台湾解严之初的反威权势力开始分化为政治团体与压力团体之际，即使部分立法委员依旧想搭教育改革的顺风车，但勤于问政表象下的政治盘算也逐步失效，加上教育三大法案的审议已近完竣，所以立法院对于教改政策网络权力也著政策网络场域的移转而随之一落千丈。

综上所述，民间团体已形成集体行动关系，彼此深度合作行动一致；教育部与教改会的表面教育决策之争，事实上已无法改变政策网络的权力结构；立法院则因为制度因素而再度丧失政策网络中的优势地位。总体网络的特征则为角色与活动渐趋单纯，整体网络明显趋于稳定且网络活动空间依然扩大。

# 第五章　政策场域的变化与行动者能动性的展现

　　政策场域的变化与参与者能动性之间的博弈是政策过程研究的焦点，而政策网络正是两者之间互动的重要载体。因此本研究以 1987 年至 1998 年的台湾教育改革政策网络作为分析对象，从网络的视角重新审视该网络行动者在特定的政策场域中，如何发挥能动性、巧用各种策略以争取网络权力的过程，以及网络结构的变迁如何牵动政策的发展。

## 一、政策场域的变化：网络结构特征与变迁

### （一）行动者的进与出：网络范围变化

　　依据罗德斯（Rhodes，1992）的分类，本研究案例台湾教改政策网络形成之初应属于"议题网络"，其特征在于网络边界的开放性，亦即只要是对教育改革政策有兴趣之团体皆能自由进出该网络。随著对教育改革议题的关注程度差异、任务目标达成与否，行动者或加入或停止活动甚至退出本政策网络，因此本研究的网络边界并不存在具体的"位置"，也无法穷尽所有的行动者名单，所以采取"声望研究"的预研究，进而确认较具"效度"的网络边界。

　　此外，本研究的分析层次定位于组织间（inter-organizations）互动所形成的政策网络，所以网络中的行动者皆界定为独立的个别组织。依据研究设计所采用的实证方式划定出网络边界，在毛高文部长主政时期的政策网络中，由于"教育改革咨询委员会"与"四一〇教育改造联盟"皆尚未成立，因此

仅有八个主要的行动者。同理，在第二阶段郭为藩部长与吴京部长主政时期的政策网络中，前述二者加入的同时，适逢"救一救下一代联盟"因为任务的萎缩与转变，而逐渐淡出台湾教育改革政策网络，网络规模微调至九个行动者。总体而言，本研究的网络规模变化不大，对于研究的数据比较与分析效度有一定保障。

### （二）网络互换结构的变化

#### 网络中的捉对厮杀：对耦关系变化

即使相同的两个行动者在不同时期也会因为所在网络内外情境之差异，而出现不同的互动。由网络整体变化观察，每个时期的行动者彼此的互动强度、方向与类型都有所差异，并因此汇聚出整体网络的动态特征，本研究将针对每个时期行动者间互动的对耦同类构（互惠对、不对称对、虚无对）比例，计算出各时期的"二方谱"，用以描述并分析出整体网络的动态特征与变化。总结前几章的分析，将三个时期的二方谱比例条列如下表 5-1。

**表 5-1　三位部长任期二方谱比较表**

| | 互惠对 | 不对称对 | 虚无对 | 网络特征 |
|---|---|---|---|---|
| 毛高文部长 | 7 | 20 | 1 | 不稳定／尝试接触 |
| 郭为藩部长 | 8 | 33 | 4 | 高度不稳定／互信不足 |
| 吴京部长 | 22 | 17 | 6 | 渐趋稳定／开始固化 |

资料来源：作者整理

在毛高文部长主政时期的教改政策网络中，互惠对、不对称对、虚无对的比例为 7：20：1。其中造成网络不稳定的"不对称对"的比例高达20，远远高于相对稳定的"互惠对"与"虚无对"的总和，因此可以判断在毛高文部长主政时期的教改政策网络是不稳定的；毫无互动的虚无对比例仅为1，相对偏低，表示多方接触，同时互惠对也不高，表示尚未形成合作关系。以上种种特征，显示政策网络尚处于形成初期，行动者之间虽然尝试多方接触，但尚处于摸索的阶段。

郭为藩部长主政时期的教改政策网络互惠对、不对称对、虚无对的比例为 8：33：4，造成网络关系不稳定的不对称对比例高达33，与对稳定的互惠对 8 与虚无对 4 的比例总和差距更大了，足见本时期的教改政策网络是高度不稳定的；互惠对比例的降低，显示行动者之间的竞争关系远远高于合作关系，互不往来的虚无对比例也升高，表示部分行动者之间经过初步了解，或降低交流兴趣或舍弃互动意愿。以上资料显示，正由于历经前一时期的初步摸索与接触，行动者对于其他组织的政策偏好与行动诉求有更深的了解，并开始拟定行动策略，做出更明显的区隔并主动出击，导致本时期的整体网络高度不稳定，竞争白热化，互信不足。

吴京部长主政时期的教改网络互惠对、不对称对、虚无对的比例则大幅改变为 22：17：6，这时期代表不稳定关系的不对称对比例明显降低，首次低于代表网络关系稳定的互惠对，若加上虚无对比例总和则相形更低。由以上资料可得知，在吴京部长主政时期的教改政策网络关系已渐趋稳定，尤其是互惠对的比例大幅提高，表示彼此合作机会大增且权力互惠渐趋均衡，不对称对的单向互动减少与虚无对增加，表示行动者对于网络中其他行动者的意愿、特质能力与合作潜质。已初具某些程度的掌握，显示这时期的网络活动关系开始出现"固化"（frozen）现象，这种网络形构的发展趋势是政策网络开始"制度化"的重大特征。

台湾教育改革政策网络的动态变化，由初期多方尝试接触相互摸索；进而发展到百家争鸣，发动各种行动策略，各凭本事竞相争取有利的地位与资源，在竞争大于合作的互动模式之下，造成政策网络的高度不稳定，但同时也大幅扩增网络的活动空间；之后经过数年的争斗与厮杀后，行动者开始认清彼此的意向与实力，再参照彼此之经验相互磨合，历经整个政策学习之旅后，使得民间教育团体建立共识，纷纷采取更为有效的集体行动，因此合作互惠的关系大幅提高，甚至行动模式已出现高度一致，行动者之间的活动明显例行化，显示关系急遽固化，也同时催化政策网络的制度化。

### 网络中的角色扮演：结构对等性变化

测算结构对等性不仅能具体分析每个行动者在政策网络结构中的位置与角色，更有助于呈现整个网络结构的形构，本节将依据三个时期行动者结构位置的相似程度，进行网络结构的简化，亦即将行动者归纳为几种角色，能更清晰、更直观地看出各时期网络结构中的系统与特质（如表 5-2）。

**表 5-2　三任部长主政时期政策网络角色类型表**

| 毛高文部长 | 合作迂回型 | | 直面挑战型 | 消极应对型 |
|---|---|---|---|---|
| | ◆主妇联盟<br>◆人本教育基金会<br>◆振铎学会<br>◆救一救下一代联盟 | | ◆教师人权促进会<br>◆大学教育改革促进会 | ◆立法院<br>◆教育部 |

| 郭为藩部长 | 合作分工型 | 直面挑战型 | 浴火重生型 | 孤军奋战型 | 独立研究型 |
|---|---|---|---|---|---|
| | ◆主妇联盟<br>◆人本教育基金会<br>◆振铎学会<br>◆四一〇教改联盟 | ◆教师人权促进会<br>◆大学教育改革促进会 | ◆立法院 | ◆教育部 | ◆教育改革咨询委员会 |

| 吴京部长 | 集体行动型 | 欲振乏力型 | 重振雄风型 | 临去秋波型 |
|---|---|---|---|---|
| | ◆主妇联盟<br>◆人本教育基金会<br>◆振铎学会<br>◆四一〇教改联盟<br>◆教师人权促进会<br>◆大学教育改革促进会 | ◆立法院 | ◆教育部 | ◆教育改革咨询委员会 |

资料来源：作者自绘

　　首先在毛高文部长任内政策网络的角色可约化为三类：第一个类型是"合作迂回型"，则由主妇联盟、人本基金会、救盟以及振铎四个民间教育团体以不同程度发挥合作的行动策略，彼此积蓄资源以争取各自的政策诉求；第二类型是"直面挑战型"，是由教权会与学改会两个以直面挑战公权力为行动主轴的教师团体；第三种类型"消极应对型"由教育部与立法院两个官方组织所组成。其次，郭为藩部长任内政策网络的角色可化约为五类：第一个类型是"合作分工型"，由高度合作而集体行动的行动者，-9*如主妇联盟、人本、振铎、四一〇组成；第二类型是延续上一时期的"直面挑战型"，依然是由教权会与学改会两个具有挑战公权力与政府政策为特质的教师团体；第三类型是"浴火重生型"，指的是全面改选之后焕然一新并摩拳擦掌准备积极参与教改活动的立法院；第四类型"孤军奋战型"，则指拥有台湾教育决策权力的教育部；第五类型"独立研究型"，指的是新成立的"行政院教育改革咨询委员会"，由中研院院长李远哲所领导各领域学界精英所组成诊断、研议教育问题。再其次，吴京部长任内政策网络的角色可化约四类：第一个类型是"集体行动型"，由高度合作而集体行动的所有民间教育团体所组成，包括教权会、主妇联盟、人本、振铎、学改会与四一〇；其他三类型则为仅剩的三个官方组织，第二类型"欲振乏力型"指风光不再的立法院；第三种类型"重振雄风型"指的是经历上时期多方责难而今企图夺回主导权的教育部；第四类型"临去秋波型"则指仅剩半年即将解散的教改会，一反前期孤芳自赏的"独立"立场，积极插手后续教育改革事务。

由网络行动者的行动策略与网络位置相似性所归纳出的网络角色，其数目多寡、特质差异，都能折射出不同时期政策网络的总体结构、动态特征。接下来拟针对三个部长任期的政策网络中所形塑的网络角色进行分析，以勾勒出网络变迁的系络。

### 1. 网络角色数目 3-5-4 的变化显示，网络互动由单纯趋于复杂最终转为有序

网络角色数目越少表示互动单纯，反之则互动关系之复杂性将相对提高许多。依据本研究的分析结果发现，整个政策网络的角色数目由毛高文部长主政时期的三个，至郭为藩部长主政时期扩增至五类，再至吴京部长主政时期反减为四类，显示网络初期互动单纯、策略运用较少等特征；之后历经尝试与蛰伏后，各行动者开始大展身手、尽情运用资源，展开网络全面的竞争与合作，所以角色种类激增，表示互动多元且复杂；最后网络角色出现整合收敛的趋势，亦即网络的活动模式逐渐趋统一。网络总体结构中的角色越多，表示行动者采取的策略与互动模式较为多元，自然形成较为复杂的互动，由于相似性低使得每个行动者必须花费更多的交易成本与不同角色的群体进行交易或竞争。换言之，整体网络的的角色越多、越异质化，角色间的互动策略方式越多样且复杂，不确定性的增高，将致使网络互动成本相对提高，但可能发展出的政策网络空间将更广阔。所以郭部长任期的政策网络变化是最多元的，虽然竞争激烈但政策网络空间却是最大的，行动者所释放的能量也居首位。

### 2. 网络角色特征变化显示民间教改团体逐渐整合，其余官方行动者则为争夺决策权而变换角色

台湾教改政策网络开始时互动较为单纯，仅部分新兴民间教改团体试图

挑战政府部门，却获得官方的消极响应，另部分较为温和的民间教改团体则彼此迂回进行尝试性的合作，到了郭为藩部长主政时期教育改革的呼声四起，前期迂回合作型的群体开始公开化，不仅互通信息更进一步分工合作，以汇聚彼此的资源与专长而形成"合作分工型"；扮演另一个角色的民间教改团体则是延续两个时期的"直面挑战型"，随著政府的教育决策权从行政转至立法，直面挑战型的行动者积极挑战并面争取诉求的行动模式依旧；直到吴京部长任期，这两种类型才整合为一类"集体行动型"，究其主原则是长期的合作经验使得所有的民间教改团体认清集体行动所产生的利益远远高于直面挑战公权力所得，其次政府传统威权的角色与实权开始松动，正面冲突必要性同时降低。

反观三个官方行动者随著网络内部以及外部政策环境的变迁，却依然各行其事。教育部继承威权时代的无上法定威权，当然对于政策网络的变化不甚在意，立法院的老立委也沉浸于威权时代的遗绪与待遇，完全无视于教育改革场域的形成与民间团体的呼声，所以两者都扮演著典型的"消极应对"角色，之后随著制度环境的大幅更迭，使得立法院成为聚光灯下的宠儿，扮演十足风光的"浴火重生"角色，最后也因为教改竞争场域的再度转变，使之"欲振乏力"；至于郭部长建议由专家学者所组成"独立研究型"的教改会，则扮演著网络变迁的关键性角色，虽然并无明显的高调作为，但由于该会是背负各界不同期待应运而生的产物，所以既是是教育部闪避民间激烈抗争的缓冲器，同时又成为民间教改团体的代言人与合伙人，身处冲突中心的教改会最后也只好以"临去秋波"之姿退场。由这些角色特征的转变可看出，民间教改团体所扮演的"集体行动"角色实已掌握大局，至于其他官方行动者所扮演的角色，只不过随著外在政策环境的变化，为争夺表面决策权而变换罢了。

### 3. 网络角色的成员变化显示官方与民间行动者明显分化

综观三个时期的网络角色变化，最明显的特征是官方与民间的分化。除教权会与学改会在前两位部长任期坚持以直面挑战政府部门公权力为行动主轴而扮演"直面挑战"角色外，其余民间教育团体经由数年的互动与整合，逐渐由分工合作形成集体行动；反观三个官方行动者，经历不同阶段的网络变化与政策环境的巨变，却依然在政策网络中千方百计相互较劲，为争夺决策权而扮演不同的角色。

## （三）动因结构整体特征与变化

政策网络是行动者与网络所处的制度环境这两股驱力交会时所衍生变动不拘的特殊中介性结构，促使行动者进入政策网络的原始动机是最重要的能动性来源，同时政策网络所处政策场域也时时相互渗透，正是网络动因结构的两大驱力来源。

### 1. 动因结构的层次分析

依据 Brass, Galaskiewicz, greve & Tsai（2004）所述传统研究组织间影响网络的前置因素的评价研究，早在 1950 年代 Festinger 便发现行动者间接近程度（proximity）比彼此相似程度或组织特质更容易建立联系引发互动；Galaskiewicz 提出组织间合作四大动机——追求资源、降低不确定性、加强合法性、获取集体目标（1985）。Brass 研究[1]主要聚焦于动机研、学习（learning）研究、规范与监管（norms & monitoring）、公平相当（eqity）研究以及系统（context）研究等面向。近年产业研究中也发现，具备与其他组织合作经验的厂商比较容易形成多元的网络连带关系，而且成为身处网络中心地位的主导分子（Powell, Koput & Smith-Doerr，1996），足见行动者在网络中的"学习"能力是影响网络的重要因素；另外大批学者投入互惠性的规范研究更是发现此乃行动者之间合作联盟的关键因素（Ostrom,1998），同时网络本身的结构也能加强规范与规则的形成（Putman, 1993）。上述学术界对于网络前因的丰硕研究成果，止不断拓展网络动因的

---

[1]　动机研究（Gulati, Nohria, & Zaheer, 2000: 203; Alter & Hage,1993; Ebers, 1997）如资源需求、降低不确定性、加强合法性及获取集体目标（Galaskiewicz,1985），当然也包括机会成本（Williamson, 1975）；学习（learning）研究也使得许多学者发现行动者具有越多的网络经验、获取更多知识或经历多样性的网络内涵将有助于其位居网络协作的中心地位（Powell, Koput & S mith-Doerr, 1996；Ahuja, 2000）；信用研究（Zaheer, McEvily, and Perrone, 1998; Rousseau, Sitkin, Burt, and Camerer, 1998；Eisenhardt and Schoonhoven, 1996；Beckman, Haunschild, and Phillips , 2004）；规范与监管研究（norms & monitoring）（Kogut, 2000；Ostrom ，1998；Larson ，1992；）；公平相当（eqity）研究，如地位与规模相当等（Ring & Van de Ven, 1992；Gulati and Gargiulo 1999；Han and Breiger's 1999）；系统（context）研究，如文化（Barkema, Shenkar, Vermeulen & Bell 1997；Park & Ungson 1997；Saxenian, 1994）、历史（Scott, 1987；Gerlach, 1992; Hamilton & Biggart, 1988; Keister, 2000）、制度（Podolny & Page, 1998；Marquis, 2003）等等.

研究范围并快速累积各领域的实证经验，固然有助于本研究动因结构的分析与探究；但是从本案例三个时期政策网络的互换结构中演绎归纳后发现，若干的"网络衍生动因"虽然隐而未现却又起著关键作用。换言之，研究发现正是这些伴生自网络互动所形成的动因，是行动者与制度环境互动之下的产物，却同时兼具行动者日后策略运用的新动因或网络制度性的新规则，在行动者与制度两个层面之间起著搭拱铺路的功能，正因为这些动因不断地扮演触媒角色，方能使行动者认识、学习并与制度性因素相融合，真正促进网络的动态演进与变迁（图7-1）。

图 5-1 台湾教育改革政策网络动因结构三层次

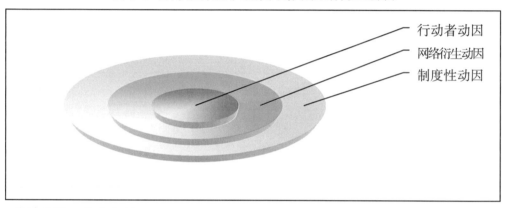

行动者动因
网络衍生动因
制度性动因

资料来源：作者自制

## 2. 动因结构变迁与特征

本研究即以上述研究成果为基石，并依据行动者因素、制度性因素与网络衍生因素三个面向，将前述三位部长主政时期的互换结构中所推演出各项动因，综合分析整理成台湾教育改革政策网络动因结构变迁表，如表5-3。

虽然对于影响网络变化的前因研究成果丰硕，然而在借镜各研究所提出的动因之际，将之分门别类有助于动因结构的呈现。首先以三位部长主政时期为划分，再将影响各时期网络变化的动因以前述"行动者因素"、"制度性因素"与"网络衍生因素"三个面向清晰区分动因的来源。首先依据其特性将行动者因素归为三类。

### 表5-3　台湾教育改革政策网络动因结构变迁表

| | | 毛高文部长 | 郭为藩部长 | 吴京部长 |
|---|---|---|---|---|
| 行动者动因 | 特质 | 组织目标、组织文化、组织过程 | 成员特质、政策视角、组织目标、组织文化、组织过程 | 组织过程、组织目标、政策视角 |
| | 动机 | 资源追求、加强合法性、降低不确定性 | 资源追求、争取合法性 | 争取合法性、接近市场与技术 |
| | 能力 | 专业能力、监测能力、组织绩效 | 政策学习、监测能力、组织绩效、弹性调整 | 政策学习、监测能力、专业能力、弹性调整 |
| 制度性动因 | | 政策遗绪、社会事件、法制程序、体制变更、法定权威 | 冲突事件、施政重点、媒体传播、法制程序、政策遗绪、制度安排 | 法制程序、政策遗绪、社会事件、法定权威、互惠规范 |
| 网络衍生动因 | | 绩效互补、网络地位权力、组织邻近度、特质相近性 | 合作经验、竞争场域、集体目标、特质相近性、互信、绩效互补 | 合作经验、互信、竞争场域、集体行动、集体目标、网络地位权力 |

资料来源：作者自制

　　**特质（trait）**：指行动者（组织）之所以成立的基本要素，如组织目标（政府部门的决定职掌、民间团体的成立宗旨、教育理念）、成员特质（公务员、教师、家长等）、组织过程（控制系统、例行公事）组织文化（特定政治立场、强调性别、相对剥夺感）以及政策视角（认定政策问题与政策网络关系）等。

　　**动机（motive）**：指引起行动者采取行动的原因，在本研究的网络互动中可归纳为四类：有关成本考虑的资源追求、降低不确定性、接近市场与技术以及另一类则事关权力承认的加强合法性等。

　　**能力（capacity）**：指行动者结合本身特质与动机之后，采取行动以达到目标的能耐，本研究将之分为五类，包括行动者本身的专业能力（教育专业、法律专业）、监测能力（感知自身的网络角色、条件与制度环境的变化）、调整弹性（组织内部调整、协调能力、策略运用）、组织绩效（主导能力、动员能力）学习能力（合作经验转化、政策学习）等。

由表 5-3 台湾教育改革政策网络动因结构变迁表,可明显发现以下几项特征:

### 1. 行动者动因种类远远多于制度性动因以及网络衍生动因

台湾教育改革政策网络的动因来源,无论哪位部长主政时期,来自行动者的动因皆远远多于制度性动因以及网络衍生而出的动因种类,鉴于来自各方的行动者钟鼎山林各具特质各有追求,加上网络互动所累积的经验与政策学习成果,初始的动机以及能力必然随之不断新生与修正,所以其动因是多元而变换的。相对而言,来自政策环境的动因,除时时发生的重大社会事件之外,涉及制度性的因素有其"滞后性",因此动因不若来自行动者的多样与多变;至于网络衍生动因则受制于"网络互动"的前提,所以种类也远远不及来自行动者的动因。

### 2. 行动者动因中"组织目标"、"组织过程"是决定特质的基本动因,"加强合法性"是行动者坚持不坠的动机与追求,而"监测能力"则是行动者持续发挥的重要能力

政府部门的法定职掌、民间团体的成立宗旨、教育理念,这些组织目标都是行动者之所以参与政策网络的前提与核心价值所在,以至于无论网络外在政策环境如何变动、网络内部彼此之间的博弈角力如何激烈,这些核心价值是行动者采取行动、运用策略的最高指导原则;而身为政府部门的官方行动者,其纵向的官僚体系显然异于民间教改团体的协会横向联系运作模式,这些时刻操控行动者运作控制系统的组织过程,当然自始至终是影响着行动者在政策网络中的深层动因;政策网络是个争夺利益、权力、资源的场域,身为参与竞合的行动者必须具有审时度势的敏锐度才能制敌为先,而这种能在网络中准确定位自我价值且衡酌局势的监测能力不仅是致胜的关键,也是必须时时因地制宜发挥的能力。因此,组织目标、组织过程、加强合法性与监测能力是台湾教育改革政策网络中源自行动者最重要最深层的动因。

### 3. 制度性动因中"法制程序"、"社会事件"以及"政策遗绪"是重要并持续的影响因素

虽然制度性因素的种类最少且滞后性最明显,然而其影响的层面不限于个别行动者,所以往往能触发行动者调整策略进而改变网络互换结构,进而影响整个网络的发展与变迁。其中法制程序是政策网络的游戏规则,也是最基本的制度性动因;重大教育事件往往是触动政策网络的最佳媒介,不论启

动集体行动或是为形塑舆论话语权，重大社会事件所引发的新闻性都是行动者改变局势的契机；至于政策遗绪一项在本研究中大多出现在官方组织，尤其是教育部长年掌握台湾教育决策大权，加上行政部门严密庞大的组织控制系统，都使教育部的运作出现路径依赖现象，当面对政策网络中的新挑战与变迁之际，自然以政策遗绪因应之。同时研究发现比较特殊的是1992年底经过全面改选的立法院，竟然短短不到十年间便开始萌现政策遗绪的征兆，比如频频召开的听证会已逐步丧失解决问题的实质功能，而急速转化为新科立委的作秀舞台。因此，决制程序、社会事件以及政策遗绪是台湾教育改革政策网络中源自制度的重要动因。

### 4. 网络衍生动因对于网络的发展脉动具备较高的依赖性与敏感度，且往往兼具网络互动"结果"与影响网络变化的"前因"双重性

研究发现网络衍生动因中竟然不存在能延续三个时期的基本动因，细究其内容发现，随着时间的推移尤其是政策网络的阶段性发展，网络随之衍生出不同的动因。比如在网络初形成的毛高文部长主政时期，由于行动者互动经验相对匮乏，因此降低不确定因素以减少机会成本便成为主要的策略考虑要素，然而伴随网络互动经验的增多与政策学习的逐渐收效，这项动因便不复存在，同时转而以需要具备合作经验的互信因素、获取集体目标甚至为利益汇聚的集体行动，成为郭部长与吴部长任内网络衍生出的重要动因，所以网络衍生动因对于网络的发展脉动具备较高的依赖性与敏感度。此外，竞争场域改变这项因素，正是源于外在制度性环境的变化（立法院改选）与内部行动者精心策略运用（转战立法院）两者交互影响后由网络所衍生出的新动因。可见网络衍生的新动因往往兼具网络互动"结果"与影响网络变化的"前因"双重性。

### （四）权力的消长：中心性变化

本研究的前提是政策网络中拥有较大权力者，其政策偏好容易纳入最终政策文本。因而各行动者莫不设法提高自身的网络中心性以实现自身的教改理念或政策偏好，因此，分析网络中心度数的高低消长是探求政策网络权力变迁的重要手段。本节拟综合分析上述三个部长主政时期网络中所有行动者的中心性变化如（表5-4）。在剖析各个行动者的权力消长之前，先展现总体政策网络的变迁与特征。

表 5-4　三位部长任期中心性排名比较表

| 编码序号／行动者 | | 毛高文 | | 郭为藩 | | 吴京 | |
|---|---|---|---|---|---|---|---|
| | | 中心度 | 排序 | 中心度 | 排序 | 中心度 | 排序 |
| 1 | 立法院 | 43.18 | 2 | 47.92 | 3 | 22.79 | 8 |
| 2 | 教育部 | 51.43 | 1 | 26.39 | 7 | 25.74 | 7 |
| 3 | 教育改革咨询委员会 | -- | -- | 10.59 | 9 | 14.71 | 9 |
| 4 | 教师人权促进会 | 23.49 | 6 | 50.52 | 2 | 58.09 | 4 |
| 5 | 主妇联盟 | 24.44 | 5 | 44.97 | 4 | 58.82 | 3 |
| 6 | 教育人本基金会 | 26.98 | 4 | 56.42 | 1 | 63.24 | 1 |
| 7 | 振铎学会 | 29.52 | 3 | 43.40 | 5 | 59.56 | 2 |
| 8 | 大学教育改革促进会 | 13.02 | 7 | 21.88 | 8 | 36.77 | 6 |
| 9 | 救一救下一代联盟 | 7.62 | 8 | -- | -- | -- | -- |
| 10 | 四一〇教育改造联盟 | -- | -- | 26.91 | 6 | 52.21 | 5 |

数据来源：作者整理

**中心性度数差距变化**

### 1. 三个时期行动者之间的权力差距也是日益扩大

在毛高文时期的政策网络中，行动者的中心性度数由最高的教育部（45.000）到最低的救一救下一代联盟（6.667），其间相差约为 38.333 度；在郭为藩时期的政策网络中，人本教育基金会最高的中心性度数（56.42）到教改会最低的（10.59），其间相差约为 45.83 度；在最后吴京时期的政策网络中，中心性度数最高的人本教育基金会（63.24）与最低的教改会（14.71），其间相差约为 48.49 度。三个时期的政策网络，行动者间中心性度数差距幅度逐渐拉大，表示三个时期行动者间权力差距日益扩大。

### 2. 三个时期行动者之间互动加速热络，政策网络空间也随之拓展

此外，由以下图 5-2 可看出三时期各行动者的中心度数的消长与变化以及各别时期内每个行动者中心性的比例。虽然第一阶段的行动者八个比第二与第三阶段的九个为少，但从该图的中心性累计度数可看出，由第一阶段的未满 200 度跨越至第二阶段的突破 300 度，并进而达到第三阶段的近乎 400 度，由此显示行动者之间的互动频次与强度逐步大幅增加，行动者之间互动加速且热络，尤其郭部长主政时期的跨度最大，表示网络的活动空间急遽扩大。

图 5-2　三任部长任期中心性度数比较图

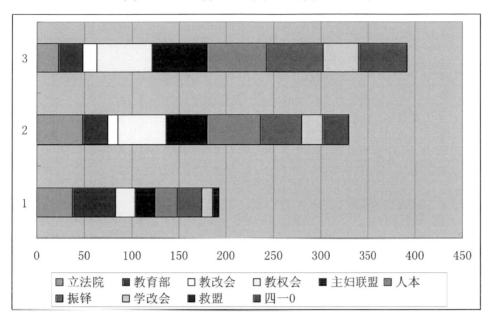

　　立法院　　■教育部　　□教改会　　□教权会　　■主妇联盟　　人本
　　■振铎　　□学改会　　■救盟　　■四一0

数据来源：作者自绘

### 总体中心性度数分布分析

　　有鉴于政策网络的总体权力结构变迁是本研究的焦点，因此以下拟参考表 7-3 中心性排名比较表，以行动者中心性度数之相近性为标准，分成权力中心、半边陲与边陲三个集团，再将各时期的行动者分别列入，整理如表 5-5。

　　依据网络分析的观点，具有较高中心度数行动者拥有较大的权力，在毛部长时期教育部为网络权力中心，其次为立法院，这两个官方团体的中心度数遥遥领先于其他行动者，稳居网络的权力中心地位。另一集团为第三至第六名，依次为振铎、人本、主妇联盟、教权会，这四个于 1987 年台湾解严后成立的民间教育团体依据各自的教育理念，于政策网络初期各显神通已获取相近的中心性度数与排名，位居半边陲的权力位置；最后则为身经百战的学运组织—学改会以及最迟成立的救盟敬陪末座，名列第七与第八且中心性度数明显偏低，居网络权力的边陲地带。

表 5-5　三位部长任期总体中心性分布表

| | 毛高文部长时期 | 郭为藩部长时期 | 吴京部长时期 |
|---|---|---|---|
| **中心** | 1. 教育部<br>2. 立法院 | 1. 人本基金会<br>2. 教权会<br>3. 立法院<br>4. 主妇联盟<br>5. 振铎学会 | 1. 人本基金会<br>2. 振铎学会<br>3. 主妇联盟<br>4. 教权会<br>5. 四一〇 |
| **半边陲** | 3. 振铎学会<br>4. 人本基金会<br>5. 主妇联盟<br>6. 教权会 | 6. 四一〇<br>7. 教育部<br>8. 学改会 | 6. 学改会 |
| **边陲** | 7. 学改会<br>8. 救盟 | 9. 教改会 | 7. 教育部<br>8. 立法院<br>9. 教改会 |

数据来源：作者自制

　　郭部长时期策网络权力中心已不再是教育部，而转移至四个民间团体：人本教权会、主妇联盟、振铎，加上立法院，彼此中心度数相近，同位居权力中心；变化最大的是教育部竟然从权力的高峰陡降至第七名，与四一〇与诉求单一的学改会并列于半边陲区块；至于由专家团体新组成的教改会，在中心性的测量中低数偏低位居边陲。吴部长时期位居权力中心的五个行动者由四一〇取代立法院，至此民间教改团体完全掌握政策网络中的权力；至于学改会依然维持其半边陲的中心性度数；而力图振作的教育部、遭遇冷落的立法院以及临去秋波的教改会中心度数明显低落，至此三个官方组织完全被边缘化，位居边陲地位。

　　从三个时期的权力分布结构观之，三个集团因为结构差异在毛高文部长时期呈现"**橄榄形**"分布，（意即位于权力中心的行动者数目以及位于边陲地带的行动者数目皆偏少，反倒是居中的半边陲地带集结多数行动者，因此呈现橄榄形），灰色居中地带的分布较广，表示权力调整之变数与潜在空间较大；至郭为藩部长时期整体结构呈现"**倒锥形**"，因为五个行动者涌入权力中心地带，而半边陲地带有三个行动者，边陲地带则仅剩教改会一个，显示权力争夺进入白热化，被逼退至半边陲地带的教育部是本时期最特殊的权力消长看点；发展至吴京部长时期的权力结构则完全与毛部长时期相反，呈现"X形"，即权力中心与边陲出现多位行动者，中间半边陲的灰色地带明显减缩，仅剩学改会一个行动者，显示权力结构进入较为稳定的状态，其中五个民间教育团体已经稳居权力中心，教育部、立法院以及教改会三个拥有法定权威的官方组织，在这时期对于权力的掌控已经名存实亡。综上所述，本研究从中心性的综合排名与度数差距分析可得以下发现：

1. 毛高文部长主政时期行动者之间权力差距较小、政策网络空间也相形局促，但权力分布呈现菱形，居中的权力灰色地带却最宽，表示整体权力结构尚属松散，政策网络的未知发展机会较多。

2. 郭为藩部长主政时期行动者之间权力差距逐渐加大，政策网络空间也逐渐加大，权力分布则成为倒锥形，表示权力争夺进入白热化，大量行动者挤进权力中心。

3. 吴京部长主政时期行动者权力差距两极化，权力分布成为 X 形，表示权力的分配已经定型，权力的阶层化已完成，同时印证的本时期的政策网络已经开始固化。

## 二、行动者能动性的展现：权力变化与战术分析

权力关系与策略运用系指参与者采取因应策略与网络关系形成互动的形势，亦即参与者无论建立或使用网络都是为满足其需求、利益与目标，并发展相对的策略以塑造与其他参与者的互利与互赖的关系（Van Waarden，1992）。行动者所展现的能动性是政策网络发展的动力源泉，而能动性的展现往往配合多种策略的运用，策略运作的成功与否正是行动者达成政策目标的关键。王千美[21]所提出的政策网络中利益团体常见运用的基本策略，也屡屡成为本政策网络行动者拟定策略之际的重要战术。

本研究从 1987 台湾当局宣布解严开始至 1998 年所出台的教育改革重大政策"教育改革行动方案"为止，探讨这段时期的政策网络发展过程中，主要行动者如何综合连横以提高自身在网络中的中心性，借着权力的抢夺将自己的教改诉求最大限度地纳入"教育改革行动方案"。因此本节拟依据上一节表 5-4 三位部长任期中心性排名比较表，制作出三个时期各行动者中心性排名消长之比较图（如图 5-3），能更直观地审视各个行动者在整政策过程中的权力消长。

　　显然在台湾重大教改政策文本"教育改革行动方案"出台前的吴京部长主政时期，荣获最高中心性排名的是人本基金会。换言之，该会足以仗恃所持网络权力将自身的教育改革诉求纳入教改方案中。因此以下将依据最终中心性排名高低为序，将分析焦点转向探讨个别行动者如何各自在网络互换结构中运用战术或高或低改变自身的权力排名。

图 5-3　三任部长任期各行动者中心性排名消长比较图

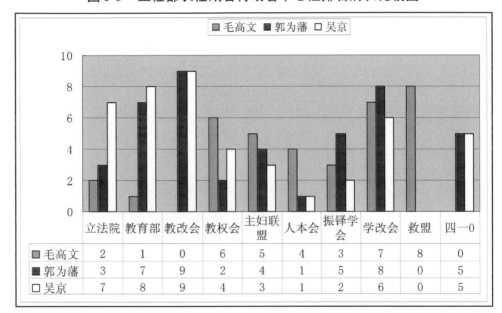

| | 立法院 | 教育部 | 教改会 | 教权会 | 主妇联盟 | 人本会 | 振铎学会 | 学改会 | 救盟 | 四一0 |
|---|---|---|---|---|---|---|---|---|---|---|
| 毛高文 | 2 | 1 | 0 | 6 | 5 | 4 | 3 | 7 | 8 | 0 |
| 郭为藩 | 3 | 7 | 9 | 2 | 4 | 1 | 5 | 8 | 0 | 5 |
| 吴京 | 7 | 8 | 9 | 4 | 3 | 1 | 2 | 6 | 0 | 5 |

数据来源：作者制作

## （一）策略奏效拔得头筹：人本教育基金会

| 人本教育基金会 | 毛高文时期 | 郭为藩时期 | 吴京时期 |
|---|---|---|---|
| 中心性排名 | 4 | 1 | 1 |
| 活动种类 | 演讲-访问-开会 | 开会-访问-演讲 | 开会-动员-演讲 |
| 对耦特征 | 耕耘基层、寻求联盟 | 结盟民团、包围政府 | 民团高度互惠 |
| 角色类型 | 合作迂回型 | 集体分工型 | 集体行动型 |

　　如果以中心性的排名变化作为行动者在政策网络中成功与否的标准，则以拔得头筹大获全胜形容人本则毫不为过。人本从网络发展初期位居中等权力地位开始，长远精密的策略规划、战略安排与运用是其成功的关键所在。

### 1. 发展组织、运用策略性框架化

人本多年来在社会民众源源不绝的捐赠下茁壮发展，成为台湾最大的社运组织，主要源于人本以深耕基层，争取广大民众的支持为行动策略主轴。深知如何发展组织正是人本的强项，刚开始与会人员并不多，但藉机交朋友拓展人脉、鼓励民众在所在地成立分会，在地方结合同好并建立共识，如此发展出绵密的教改组织，加上分工细致使各地分会，深入地方教育事务，并凭藉著调解各校体罚事件的范围涵盖全台，使得人本取得了足够的民意基础，因此不管在会员、资金与组织动员各方面都比其他民间教改团体健全。尤其是利用地方性的串连，深入浅出地让对教育现况不满的一般民众加入人本，并针对特定议题办演讲或座谈会引起共鸣，人本这种利用政治舆论以维持参与士气并唤起原先不存在的参与热情，再通过理念与利益的操作重新诠释台湾教育问题的手段，正是典型的策略性框构化的运用。

### 2. 利用媒体营销、管理议题

人本能够获得台湾民众的支持主要是懂得媒体营销，尤其利用各种访问活动中制造话题，引起社会关注并取得话语权，显见该会善于议题管理，也懂得提供媒介的需求，如冲突、对抗、造势等吸引眼球的行动，并利用"**困窘策略**"来强调教育政策不符合社会期望，并藉由这些策略在媒体运作中取得主导地位。

### 3. 灵活运用策略横跨司法与立法界

人本对于体制内的教育尤其反感，所以该会擅自设立体制外的森林小学，不惜与教育当局对簿公堂这种"诉讼策略"来对抗；此外人本借著多年在立法院通过处理体罚申诉案、调查、问卷，掌握媒体所不知道的消息种种"信息策略"的经验，进一步涉足政治以"选区压力策略"操作政治杠杆，推动"与候选人立约"活动，即针对县市长选举组成项目，进行地方教改进度的突破与经费的确保，计划由同意本会教改措施之候选人通过公开签约方式，承诺当选后将在本会监督及协助下，将教改列为该县市优先施政项目，本项目若进行顺利预料将为教育改革建立新的策略典范[2]。显然该会的政治手腕已日臻纯熟。

---

2　人本教育札记.1997.11,12.

### 4. 调整弹性以完成策略联

调整弹性强是人本在政策网络中领先群雄的重要因素，该会向来将广大教师视为威权体制的打手，仇视传统培育师资的"师范体系"与"教育行政体系"，并视之为威权体制的共犯结构，所以在教改初期该会的立场与当时"尊师重道"的传统社会规范精神相违背，因而无法得到群众的支持。但在郭为藩部长上任之际，人本为积极串连民间教改团体，淡化处理该会仇视教师的核心价值，在《教师法》审议之际，能与针锋相对的教权会为"教师惩戒权"一项争议携手合作，而后因势利导登高一呼，不仅让民间改团体尽释前嫌欣然合作，最后并将之统整形成集体行动，最终在政策网络中一举夺冠，中心性窜至首位并延续至吴京部长任内，显示其运用"联盟策略"相当成功。资源动员学者 Gamson（1992）归纳出动员成功与否的两个关键分析层面，一是该组织被敌对组织接受的程度，二则是该组织能为其成员争取利益的程度。就组织特征来说，越具有官僚型模样态、内部派系较不明显、募款能力越强的社运组织较容易达成目标；从行动目标观察，较能与其他团体合作、目标单一的社运组织较易成功。这番论述完全符合人本这十年来的策略运用及其在政策网络中的表现，所以该会最终拨得头筹主导教改并不令人意外。

### （二）策略联盟共创佳绩：振铎学会、主妇联盟与教师人权促进会

这三个设立宗旨、行动策略、成员特色截然不同的民间教育团体，在政策网络的博弈过程中，竟然能够在坚持各自的教育理念之前提下，携手合作共创胜局。

### 1. 保持高档：振铎学会

| 振铎学会 | 毛高文时期 | 郭为藩时期 | 吴京时期 |
| --- | --- | --- | --- |
| 中心性排名 | 3 | 5 | 2 |
| 活动种类 | 开会-陈情-提案 | 开会-监督-记者会 | 开会-声明-动员 |
| 对耦特征 | 避开官方、寻求联盟 | 结盟民团、转战立院 | 民团高度互惠 |
| 角色类型 | 合作迂回型 | 集体分工型 | 集体行动型 |

振铎的中心性的排名虽有变化但一般都居于领导集团，该会以教育专业为资源，采取温和、迂回且高度配合的行动策略是其成功的关键。

**（1）低调运用迂回策略、伺机而动**

振铎成立之初与其说以教育改革为职志，不如说是以教育改良为其行动目标，虽然相较于人本与教权会，振铎向来采取较为温和的手段。但是在整个教育改革时期，在各个层面的民间教育改革活动中振铎从来不缺席，因此，振铎在政策网络的变迁也一直居于核心地位。由于振铎主张体制内改革，并不以挑战官方为主要策略，而大多是参与会议、配合其他团体参加陈情活动，这种不逆反当时"尊师重道、教育兴国"的社会风气，是其优于人本的主要因素。

**（2）将专业转换为信息策略**

除为《大学法》奔波数年的学改会之外，振铎是第一个运用专业背景主动为立法院草拟具体法案的民间团体，将其专业知识转化为教育法案、法条分析，甚至为立委质询提供批判素材，这种"信息策略"相当奏效，使其在立法院所向披靡，与立委建立牢不可破的合作关系。

**（3）一贯秉持迂回低调的联盟策略**

之后随着重大教育法律草案陆续出炉，政策网络的博弈场域转向立法院，各民间教育团体也纷纷转战立法院，因此振铎出奇的专业强项与"信息策略"逐渐不再一枝独秀，加上振铎先天的组织发展迟迟无法扩大，因此在人力与资金等方面日益捉襟见肘，所以秉持迂回低调的策略，较少高调挑战或正面冲撞教育部，而采取与人本基金会、教权会保持高强度互动的"联盟策略"，并随着由合作分工型转向"集体行动"的总体战略奏效，使得振铎再度取得较高的中心性，获取网络资源以及实际权力。

### 2. 稳步爬升：主妇联盟

| 主妇联盟 | 毛高文时期 | 郭为藩时期 | 吴京时期 |
|---|---|---|---|
| 中心性排名 | 5 | 4 | 3 |
| 活动种类 | 开会-提案-记者 | 开会-动员-拜会 | 开会-拜会-动员 |
| 对耦特征 | 诉求教育部 | 配合民团 | 民团高度互惠 |
| 角色类型 | 合作迂回型 | 集体分工型 | 集体行动型 |

勤勤恳恳、坚持关注、相互合作是主妇联盟教改之路成功的主因。虽然教育专业不足，仅能以家长的身分关心诸多教育问题，但这群女性以关心环保的初衷涉足教育议题，主动配合其他民间教改团体，理念终获实现。

### （1）强力动员、主动出击

由于教育专业不足，仅能以家长的身分关心诸多教育问题，因此缺乏一贯的教育主张，所以主妇联盟在政策网络初期一直未能切入权力核心。之后凭藉其剑及履及的组织动员能力、积极四处拜访寻求支持的毅力，而出面召开首届民间教育会议，即使遭遇传统体制内的教育势力不断地打压，主妇联盟依然主动出击，配合振铎的专业意见与人本多元的行动策略，发挥其举办街头活动的动员强项。

### （2）运用联盟策略、整合团体

主妇联盟与网络中所有的民间教育团体向来保持高度的合作关系，坚持"联盟策略"是该联盟最主要的行动策略，甚至进一步与人本成立"四一〇教育改造联盟"，整合台湾九十余个民间社团，几乎囊括岛内大大小小的教育改革团体，使之成为民间教育改革团体串联结盟的滥觞，也是直接催促"行政院"设置教改会的触媒。这一股社会力涵盖的层面相当广大，所表达的诉求更不容小觑，因此，该联盟随著政策网络的变迁也逐步取得权力。

### 3. 跃升-持平：教师人权促进会

| 教师人权促进会 | 毛高文时期 | 郭为藩时期 | 吴京时期 |
|---|---|---|---|
| 中心性排名 | 6 | 2 | 4 |
| 活动种类 | 声明-发函-开会 | 开会-声明-发函 | 开会-发函-动员 |
| 对耦特征 | 挑战教育部 | 挑战官方、民间结盟 | 民团高度互惠 |
| 角色类型 | 直面挑战型 | 直面挑战型 | 集体行动型 |

坚持理念、与时俱进是教权会最终胜出的关键。以受压迫教师为成立组成的教权会，向来以采取直接冲击教育部威权政策为主要行动策略，但随著网络权力的改变，该会也接纳其他行动者的支持与协作，能伸能屈地发展出自身的行动策略，所以在网络中深具影响力。

### （1）直面挑战与迂回合作双策略并行

教权会虽然向来以直面挑战权力中心为主轴，但并不表示该会疏于和其他行动者合作集体行动，教权会在郭部长任期的诉求对象不再只锁定官方组织，并积极转与其他民间教改团体人本、振铎、主妇联盟进行高强度的连带关系，显示这时教权会不再单打独斗，而是更灵活地调整行动策略：不仅大幅增加行动种类以推广教育理念与政策诉求，而且在网络中的广度与强度都大幅增加。

### （2）以困窘策略批判教育部

该会成员强烈"被剥削感"的特质一再影响该会反政府的政策视角，尤其偏好以发函或是发表声明向社会大众揭发教育政策与管理缺失等"困窘策略"表达不满，当然在教育部大权在握的时代，该会的努力往往成效不彰，这种高调激进的行动策略反而降低其网络中的权力，之后随着权力中心由教育部移转全立法院，该会的抗争矛头也随之转向。

### （3）运用"联盟策略"另辟蹊径

到郭部长任期，该会开始调整运用联盟策略，与其他行动者保持高度合作互惠性，因此在网络中的中心地位大幅提高。

### （三）结盟型组织：救一救下一代联盟、四一〇教育改造联盟

#### 1. 昙花一现：救一救下一代联盟

| 救一救下一代联盟 | 毛高文时期 | 郭为藩时期 | 吴京时期 |
| --- | --- | --- | --- |
| 中心性排名 | 8 | -- | -- |
| 活动种类 | 声明-陈情-发函 | -- | -- |
| 对耦特征 | 依议题与民团合作 | -- | -- |
| 角色类型 | 合作迂回型 | -- | -- |

身为台湾教改政策网络中的第一个结盟组织，政策的影响虽然短暂有限，却极富实验性质，对于民间教改团体日后集体合作而言是非常宝贵的经验。

#### （1）"联盟策略"的首度应用与实验

救盟系于1991年人本、振铎、妇联、教权会等四个民间教育团体与妇协、儿童福利基金会等七个社会福利民间团体召开第一次联席会议决议所成立的。救盟属于典型的"议题性的结盟"[22]，亦即某一特定议题浮现时，为表达社会团体间的共同立场、态度与理念而进行结盟，进而采取一致的行动。这类联盟的特色就是没有常设的组织，会务运作通常是采合议制，决议事项也由各联盟团体分工执行。本政策网络中首个"结盟式"的组织成立后，积极推动一连串的动员行动，但随着教育改革网络的中心议题转向法制化，教育团体的转战立法院，救盟虽依旧肩负各加盟团体发动联合行动的责任，但

当议题结束或转化时，这样的结盟也宣告结束或转化，社会福利与教育改革议题分道扬镳已势在必行，彼此"联盟策略"难以为继，所以到了郭为藩部长主政时期，救盟在政策网络的地位便明显边缘化甚至瓦解。

### 2. 四一〇教育改造联盟

| 四一〇教育改造联盟 | 毛高文时期 | 郭为藩时期 | 吴京时期 |
|---|---|---|---|
| 中心性排名 | -- | 6 | 5 |
| 活动种类 | -- | 开会-拜会-记者会 | 开会-声明-动员 |
| 对耦特征 | -- | 动员民团 | 配合民团活动 |
| 角色类型 | -- | 集体分工型 | 集体行动型 |

1994 年所成立的四一〇是民间教改团体所成立的第二个结盟组织。但不同于救盟，四一〇是属于"实质性的结盟"即具有正式的组织，其互利依赖的策略性意涵比救盟强烈许多[23]（江明修、许世雨、刘祥孚，1999）并成立秘书处，以执行联盟成员的决议事项，通过专业人员有系统、有组织的会务运作，形成一股强而有力的民间力量。

#### （1）严谨又高效的"联盟策略"

对于四一〇大游行的四大诉求与《教育基本法》的推动不遗余力，四一〇因为具有特殊"结盟性质"，使其活动方式以及组织定位都已事先受到盟员之间的协议所限，采行既严谨又高效的"联盟策略"便不在话下。四一〇不仅成为民间教育团体集体分工甚至集体行动的最佳平台，而且有效地将民间教改团体整合成为一个强大的压力团体，直接将民间对教育改革的政策需求输入教育行政机关的执行或决策系统。

### （四）单一诉求、排名低迷：大学教育改革促进会

| 大学教育改革促进会 | 毛高文时期 | 郭为藩时期 | 吴京时期 |
|---|---|---|---|
| 中心性排名 | 7 | 8 | 6 |
| 活动种类 | 声明-监督-开会 | 监督-开会-动员 | 开会-声明-记者会 |
| 对耦特征 | 监督立法院 | 监督立法院 | 配合民团活动 |
| 角色类型 | 直面挑战型 | 直面挑战型 | 集体行动型 |

坚持理念、专注于高等教育的改革是学改会的最高指导原则，也由于教育改革诉求的单一性造成口径窄化，所以该会于本研究中的中心性也因此偏低。

学改会是唯一以"高等教育改革"为诉求的教改团体，由于《大学法》的斗争是教育改革运动的前奏，在毛高文部长主政时期各方对于《大学法》的激化抗争活动已近尾声，逐步进入修法程序。囿于本研究期程所限，也由于学改会教育政策视角的窄化与僵化，所以在郭为藩与吴京部长主政时期，其活动力也随之大幅下降，所以该会于本研究中的中心性也因此偏低。

#### 1. 运用"困窘策略"与"迟滞策略"监督政府

学改会如同教权会一般具有强烈鲜明的组织特质，对于政府当局有著强烈的不信任感，所以该会一直借著监督立法为行动主轴，时时采行"困窘策略"与"迟滞策略"，坚决预防行政权力在法案中的逾越或过度扩张，其次才愿意配合民间教育团体的协商开会与动员，之后由于教改转战立法院所以学改会算提高与其他民间团体的互惠关系，然而由于该会的策略调整僵化，加上对于其他教育改革议题的冷漠，使之难以真正进入教育改革政策网络的权力中心。

### （五）曾经沧海、雄风不再：立法院与教育部

#### 1. 立法院

| 立法院 | 毛高义时期 | 郭为藩时期 | 吴京时期 |
|---|---|---|---|
| 中心性排名 | 2 | 3 | 7 |
| 活动种类 | 法案-陈情-开会 | 开会-法案-陈情 | 开会-质询-法案 |
| 对耦特征 | 重官方、轻民间 | 兵家必争之地 | 低度互动 |
| 角色类型 | 消极应对型 | 积极参与型 | 欲振乏力型 |

得力于1992年国会全面改选此政治机会之窗的开启，使得立法院涉入教改事项，并重振立法权。

#### （1）运用"困窘策略"与"迟滞策略"监督行政部门

身为台湾政府最高的立法部门，审查法案、接受民众陈情与监督施政是其法定权限，适逢教育改革议题成为全台最具争议性与新闻性的议题，许多新科立委利用"困窘策略"质询教育部的施政成效；同时经常运用"迟滞策略"屡屡以不停的发言藉机拖延立法程序或瘫痪议事等手段，或提出修正法案以挽回不利情势，以阻止教育部版本的教育法案过关。

### （2）善用"联盟策略"与民间教改团体夹击教育部

全面改选后新科立委发现与教改团体合作是其扩张网络权力的最佳机会，新科立委也摩拳擦掌跃跃欲试，积极与民间教改团体合作以开拓个人的舞台—听证会、记者会、说明会、协调会，显见这些与民间教改团体共同携手相互推高声望的"联盟策略"在郭为藩部长任期内可谓大获全胜，也为立法院在政策网络中夺取第三的中心性地位。

### 2. 决策权力的沦丧：教育部

| 教育部 | 毛高文时期 | 郭为藩时期 | 吴京时期 |
|---|---|---|---|
| 中心性排名 | 1 | 7 | 8 |
| 活动种类 | 法案-开会-发函 | 开会-法案-发函 | 发函-法案-开会 |
| 对耦特征 | 重官方、轻民间 | 立院积极、民间漠视 | 官方互动频繁 |
| 角色类型 | 消极应对型 | 孤军奋战型 | 重振雄风型 |

身为最高教育行政主管机关的教育部，向来挟其庞大教育决策权威主导教育改革议题。然而依循政策遗绪消极面对教改议题，最终面对民间教改团体与立法院的联手出击而致使教育决策权力的沦丧。

### （1）采取"诉讼策略"吓阻民间教改团体直面的挑战

长期习惯在威权体制下施政的教育部，在教改初期面对人本于体制外设立森林小学的公然挑战既惊且怒，为了维护传统行政威权，教育部不惜破例采取"诉讼策略"依法面对教改团体的挑战。

### （2）利用召开第六次"全国"教育会议为政策工具，以抢夺教改话语权

然而经过民间教改团体数年来运用"困窘策略"逐渐显露效果，即设计各种公共关系以制造新闻话题，再通过大众传播加以渲染，不断揭露教育政策的缺陷，不仅大幅削弱教育部的绝对传统威权，更吸引潜在的支持者采取具体的支持行动，面对教改议题，教育部积极走马换将，由郭部长率领专业背景出身的教育团队积极备战。然而面对前所未见的民意对立与挑战，教育部显得心有余而力不足，多年的执政经验所形成的路径依赖，致使政策遗绪主导策略的运用贫乏呆板，虽然以举办"全国"教育会议等传统政策工具以巩固教育话语权"我们可以发现'应付'改革或演出一幕改革'幌子'的成分居多"[24]。

### （3）运用"缓冲策略"降低外界强大压力

郭部长主政时期必须面对民间教育改革的压力，却苦于官僚体系的惰性与层层节制，很难即时作回应，但也抵挡不了愈来愈多的前卫改革思想。面对民间教育改革团体对教育部门的强烈不信任，教育部采取"缓冲策略"藉由设立一个具公信力的独立机构，代为吸收民间教育改革团体的诉求，并转化外界对教育部门的刻板印象，试图扭转迟缓的改革行动，以满足人民对教育改革的热切期盼。

### （4）利用媒体营销企图争取教育决策权的正当性

教改会的成立确实有效地阻挡各界对于教育部日渐尖锐无情的批判与抨击，然而教改会最后却转变为教育部权力的瓜分者，所以吴部长上任之际，除了积极领导教育部推出各种教育白皮书外，更频频利用媒体对外宣告新政策，搏得媒体版面与焦点，来赢得民意并企图藉此夺回教育决策权。但是这些浅层的公关性举措背后，并未能提出从教育根本出发的实质性政策，所以教育部在政策网络中的地位"孤立"依旧。

### （六）永远的独行侠：教育改革咨询委员会

| 教育改革咨询委员会 | 毛高文时期 | 郭为藩时期 | 吴京时期 |
|---|---|---|---|
| 中心性排名 | -- | 9 | 9 |
| 活动种类 | -- | 委托-开会-演讲 | 委托-开会-演讲 |
| 对耦特征 | -- | 刻意保持距离 | 挑战教育部 |
| 角色类型 | -- | 孤芳自赏型 | 临去秋波型 |

高调行事、卓而不群是教改会一贯的行事准则与自我期许，虽然该会由高层授意而成立，加入政策网络，但刻意与其他行动者保持距离，闭门造车，导致中心性敬陪末座。

### 1. "联盟策略"取得民间教改的认同

早在成立之初民间教育团体代表就专程拜会，主动转达教育理念与政策偏好并得到教改会的允诺，所以教改会吸纳民间教育改革团体的诉求，稀释体制外民间改革体系的拓展空间，并汇聚与教育部抗衡的一股最大势力。

### 2. 运用"共识动员策略"以宣扬教改理念

该会积极下乡演讲，宣扬教改理念并召开会议听取民意，企图以共识动员策略，确保教改理念能深入民心，并藉此争取民意的支持，以防该会结束之后，教育部将其教改建议束之高阁。

总体而言，台湾教育改革政策网络中的行动者基于本身、制度以及网络衍生的各动因，因地制宜地拟定出各种长期策略与短期战略，而共同形成网络的互换结构，进而各自获得不同的网络权力。依据各行动者三个时期的中心性平均排名以及大致运用策略，整理如表 7-6。

1. 策略联盟是政策网络中行动者使用最普遍的战术。民间教改团体由百家争鸣逐步走向合作，最终采取集体行动的发展过程中，策略联盟是不可或缺的黏合剂，而立法院与教改会也曾先后分别与民间教改团体实施策略联盟以合击教育部，所以此乃台湾教改政策网络中最主要的运用策略。

2. 采行困窘策略的行动者大多以教育部为目标，如立法院、人本以及直面挑战类型的教权会、学改会运用较多。

3. 利用媒体制造议题以争夺话语权，人本发挥最出色，教权会其次，教育部则仅获短暂效果。

4. 迟滞策略则大多运用于立法过程，尤其当各方所提出的法律草案僵持不下，而强势团体如毛部长任内教育部打算动员强行通过《大学法》修正草案，屈居劣势的学改会只能联合少数立法委员运用迟滞策略防止法案通过。

### 表 5-6　政策网络行动者中心性排序与战术运用对照表

| 1 | 人本教育基金会 | ● 规划有效的组织程序，增强行动力与争取资源<br>● 运用困窘策略策略性框架化<br>● 利用媒体管理议题以动员共识<br>● 灵活操弄政治杠杆与诉讼策略，纵横行政、立法、司法领域<br>● 调整弹性以完成策略联盟 |
|---|---|---|
| 2 | 振铎学会 | ● 低调运用迂回策略，伺机而动<br>● 将专业转换为信息策略<br>● 一贯秉持迂回低调的联盟策略 |
| 3 | 主妇联盟 | ● 运用联盟策略、发挥动员强项<br>● 运用联盟策略、整合团体 |
| 4 | 教师人权促进会 | ● 直面挑战与联盟策略双策略并行<br>● 以困窘策略高调批判<br>● 利用媒体管理议题以动员共识 |

| 5 | 立法院 | ● 运用困窘策略与迟滞策略监督行政部门<br>● 善用联盟策略与民间教改团体夹击教育部 |
|---|---|---|
| 6 | 教育部 | ● 采取诉讼策略吓阻民间教改团体直面的挑战<br>● 运用缓冲策略降低外界强大压力<br>● 利用媒体营销企图争取教育决策权的正当性 |
| 7 | 四一〇教育改造联盟 | ● 严谨又高效的联盟策略 |
| 8 | 大学教育改革促进会 | ● 运用困窘策略与迟滞策略监督政府 |
| 9 | 救一救下一代联盟 | ● 联盟策略的首度应用与实验 |
| 10 | 教育改革咨询委员会 | ● 以联盟策略假象取得民间教改团体的认同<br>● 运用共识动员策略以宣扬教改理念 |

资料来源：作者自制

然而战术之种类并无法直接保证中心性的提高。换言之，在政策网络中并不存在最高效的或是最佳的战术，因为策略的奏效与否还需要天时地利与人和之巧妙搭配。然而依据上表的资料中可发现平均中心性较高的人本、振铎、主妇联盟与教权会，其所运用的策略虽然不尽相同，但是依然可以归结出几点特征：

1. **具备敏锐的监测能力**。对于自身所具备的条件与所处的网络地位都能获得正确精准的感知能力，因此能避免对结构位置的错误感知或对局势的误判或采取错误无效的行动策略。

2. **具备调整政策视角之能力**。特定的组织文化、低效的组织过程都是影响政策视角的调整能力，如学改会因为组织文化导致政策视角的僵化，而同样以挑战教育部为职志的教权会则因为政策视角的改变而重新调整行动策略，积极与其他行动者策略联盟，因此取得较高的网络权力。同样人本随着政策网络的变迁同步有效地发展自身的组织过程，组织的壮大固然使之在民间教改团体中独占鳌头，但比起教育部的庞大却低效的官僚体系，显然组织规模并非提高网络权力的关键因素。

3. **具备高度的活动能力**。尽管各个行动者所具备的专业能力不尽相同，然而如何将专业能力发挥作用，除设计行动策略之外，端赖于行动者的活动能力，除了所采行活动次数、种类之外，在网络互动之中是否有主导能力，共同策划行动策略且能领导他人共同涉险，这些活动力往往能在政策网络之中提高影响力。

　　以上分析政策网络中十位行动者如何各自拟定战术、以整合动因结构以及互换结构并造成网络权力的改变，并总结出联盟、困窘等几项较为常见的行动策略以及归纳出策略运用成功的三项关键能力。

# 第六章　结论与讨论

　　台湾从日本殖民教育转化为党国教育的历史过程中曾经历多次重大的改革，如课程教材的调整、1957 年施行的九年义务教育等等重大变革，然而却从未冠以"教育改革"之名且掀起全民共同参与。究其原因，在于以往的教育革新或调整都是由政府片面决策后主导贯彻之，唯独 1980 年前后这场由民间基层酝酿、发动的教育改革逐步进入政治议程的政策制定过程，完全颠覆台湾当局威权统治之下的政策制定模式，因此不仅对于台湾教育的发展方向影响至深，对于台湾日后公民意见如何进入政策制定过程提供一个具有里程碑意义的案例。台湾在二十世纪八 0 年代大规模的教育改革运动对于台湾教育政策总体发展方向影响层面既深又广，当年教改政策的形成非常明显是由民间发起，民间社会力的涌现是公民社会逐步形成的缩影。台湾教育改革是由关注台湾政治社会发展的民间组织所"共同制造"出来的运动、催生出来的政策。因此本研究锁定 1987-1998 年间最主要的七个民间教育改革社团以及基于法定职掌而被迫参与的教育部与立法院，加上教改过程中最特殊的任务编组教改会等十个组织作为本研究的网络主角。并藉由彼此之间的复杂多变的互动，梳理总结出台湾教改政策制定过程中的博弈关系（如图6-1）。

图 6-1　台湾教育改革政策网络分析图

台湾教育改革政策网络

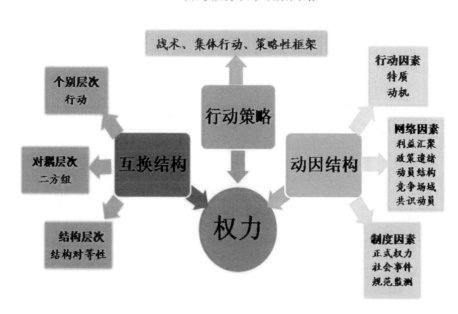

资料来源：作者自制

　　本研究从网络的视角重新审视台湾 1987-1998 年教改政策制定的过程，藉由"互换结构"、"动因结构"及"行动策略"三大概念之间交互作用如何衍生出"网络权力结构"作为研究主要分析框架。首先运用社会网络分析技术科学地量化呈现网络个人、对耦、结构三层次的**互换结构**，以具体呈现台湾教改政策网络的样态；然而网络样态的呈现并无法说明网络为何变化、如何变化。本研究继而从网络互换结构三层次的具体互动数据中进行归纳，并佐以政策网络的政策环境、行动者等相关文献信息，逐一演绎出由行动者、网络以及制度三大因素所组成的**动因结构**，以展现真正带动教改政策网络变化与发展的动力所在；继而通过两大结构互为因果、循环相生所发展出**行动策略**的中介作用，观察台湾教改政策网络如何在诸多小战术以及大策略的运作之下进行博弈，最终形成主导教改政策内容的**网络权力**分布是本研究最关键的核心所在。

　　本研究依此完整描述并论证出台湾教改政策网络基于哪些网络外部、内部以及网络本身的动因，如何驱动行动者与政策环境的交互渗透与影响，进而产生特定的政策网络结构图式，并观察分析网络中非正式的网络权力分布与变化如何逐步影响教改政策的制定方向，具体的发现与结论如下。

# 一、发现与结论

综观台湾教育改革近十多年来的推动确实问题丛生，其中许多教育问题根源皆指向政策偏离教育本质、政策内在逻辑相互矛盾以及政策制定者间形成对立所造成，因此本研究通过网络的视角与分析技术，对教改政策最初的制定过程进行正本清源的分析与揭示，发现必须从这些主要政策参与者的角色变化、策略运用以及环境动因几个维度来剖析策过程的发展本质。

## （一）台湾教改政策网络行动者特质与策略运用

### 政府角色与权力的转变

政府面对人民团体的挑战，如何因应？态度如何转变？是否对政策产出造成影响？这些疑问在本研究针对台湾教改政策网络十年演变之分析中，多少能展现出其中的变化与消长。

教育改革政策网络初期，承续戒严时期的遗风，行政权独大，遑论民间力量，连法定的立法权也形同虚设。然而随著民间力量的复苏，市民社会逐渐形成，以往能一槌定谳的行政力，开始遭遇挑战与质疑，由本研究初期民间教育团体的抗争与官方大权在握的冷漠以对便是最清楚的写照。然而随著民间社会力量的成长与汇集，同时适逢解严制度的陆续发酵，立法院的全面改选，唤起了台湾立法权的苏醒与行使，而这两股力量因缘际会而相互滋润，加速了行政威权的崩落与快速流失，同时也迫使政府的角色逐渐分化与转变。

### 1. 当网络环境改变时，教育部遵循政策遗绪而行动，往往造成锁入效果而使其中心性大幅降低，造成行政权力的沦丧

历任部长的行事风格差异极大，毛部长的决断与反复、郭部长的坚持与保守、吴部长的积极与紊乱，深深影响教育部在政策网络中的角色与策略运用。加上戒严令的解除，政府对民间的特别权力关系也进一步松懈，导致政府缺乏继续支配与控制民间社会的正当性，必须以更为民主的体制方式转换。然而台湾教育部也不例外，经年掌管台湾教育政策，在政务推展上早已出现萧规曹随等路径依赖现象，面对即将风起云涌的民间力量，处处囿于组织惰性与沉淀成本，完全难以理解民间社会的强烈需求，冲突层级升高在所难免，即使在错愕之中依然遵循政策遗绪行事，自然出现锁入效果，最终导致行政权力大量沦丧，在政策网络中一蹶不振。由此可见政府面对法规的改变时，往往遵循政策遗绪而行动，锁入效果越大反而越降低其中心性。

2. **"政策法制化"是台湾教育改革最突出的诉求，加上两次立法院的改选导致台湾教育改革网络场域因此移转，并形成立法权的扩张与竞逐**

承续戒严之后的政治改革，向来被讥为政策橡皮图章的立法院进行全面改选，由于立法权力来自于选票，而不同于行政权力源自科层体制，因此问政表现与民意便成为立法委员的权力基础，1992 年首度改选之后立法院生态丕变，台湾第一大反对党（民进党）不仅多人入选并分管教育文化事务，而且适逢教育改革如火如荼进行中，原本各自筚路蓝缕的民间教改团体适时提供教育专业与民意基础，正是民进党新科立委所需，因此二者一拍即合在立法院找到共同舞台，携手上演一出共同夹击教育部的好戏，大幅扩张立法权力，更使教育改革政策网络明显由与教育部的对抗转移至立法院的权力竞逐中。

然而舞台毕竟不是戏码，待二届民进党立委大举进军立法院之后，与执政国民党形成对峙态势之际，当年与民间教改团体携手共进的在野党不再依照理念问政而优先考虑全党整体的政治利益，昔日的教育改革战友渐行渐远，至此，台湾解严之初的官方民间二元对立格局开始分化为行政力、政治力与社会力的三足鼎立。此外教育三大法案的审议几近完竣，立法院所拥有的政治竞逐场域与政治杠杆的操作空间也急遽缩小，因此教育改革政策网络场域再度转移，即使部分立委依旧想搭教育改革的顺风车，但勤于问政的表象之下也只能算欲振乏力，不过自此立法权的确立使得台湾的教育决策权不再独尊一术，政府功能开始分化。

3. **台湾教育改革网络权力竞逐下应运而生的教改会，却因为角色的错位而采取错误的行动策略，导致网络权力的低落**

台湾因为经过长时间的威权统治，政府并不习惯民主机制的运作，难以与民间社会完全磨合，因此教改会成为行政当局面对民间教改强势攻讦的挡箭牌。这个教育改革咨议机构成立之初性质单纯、角色明确，然而自九〇年代中期后，该会不仅吸纳民间教改团体的诉求，并与之汇聚成对抗教育部的势力，同时也使民间教改团体退居外围，扮演监督或敲边鼓的角色；加上该会代替教育部进行规划教育改革蓝图，引发规划与决策二机能在分立或结合上的较劲，掌握教育改革的决策优位是冲突症结所在。由于教改会与教育部互争教育决策权，甚至掺杂著民间质疑教育部自主性决策权力的正当性，一时间成为教育改革纷乱、失序与停滞之渊薮。[25]所以教改会的成立与运作虽然才历时短短的两年，然而这个网络权力竞逐下应运而生的临时性组织，却因为顶著专家学者的"文化资产"高调登场，不仅采取单调的研讨会方式"听取民意"，与其他网络行动者保持距离，使其网络权力一直敬陪末座，不过扮演台湾教改政策网络中具高度争议性的文化符号。

### 4. 网络权力与法定权威的逐步背离，显示官方行动者在网络中的权力急遽沦丧

中心性的消长显示非正式网络权力的运作比正式法定权威的拥有更能主导政策的制定。在毛部长任期中，教育部的网络权力高居首位，与法定权威十分相符；然而至郭部长任内则网络权力的急遽丧失，使之与法定权威出现极大落差，也因此造成教育部行使教育决策权的乏力，此时期立法院的法定权威上升配合网络权力的高位，使之成为网络的焦点与竞争场域所在；最后至吴部长任内由于教育部汲汲守护法定权威，而忽略网络实力的提升，因此直至1998年最终出台的"台湾教育改革行动方案"表面上由教育部报请"行政院"核准施行，然而依据本研究的政策制定过程可说明，该政策文本更多的是由掌握高度网络权力的民间教改团体所决定，亦间接驳斥教改成果的不尽如人意是导源于教育部的失职或是教改会李远哲的独断等等非议。

### 民间教改团体的整合与集体夺权

虽然1987年解严提供台湾社会一个摆脱威权体制束缚的机会之窗，但是四十多年的政治生活深植人心，戒严时期民众对于台湾教育是相当满意的，并不认为"教育改革"是必须的。因此台湾教改革是由一群具备"反政府"特质与对行政权深度不信任的教育改革团体所精心烹制而成的盛宴。1987-1998年这十一年间台湾教育改革政策网络的形成与发展，正是民间教改团体的集体夺权的历程。于是如何整合共同的教育理念与教改方向，并将之重新深植人心以取得社会正当性，是民间教改团体的努力方向与当务之急，总体而言，民间教改团体在不同的时空背景之下灵活地运用信息、困窘、诉讼等战术，积极掠夺蚕食各整层面的资源以增加自身的优势，不过除此之外，民间教改团体明显运用"策略性框架化"以及"集体行动"两大策略为主轴，彻底颠覆威权统治之下政府坐拥绝对权力的局面，成功取得教育改革政策网络的实质权力。

1. **在权力不掠夺对称的制度环境中，民间教改团体善用偏差性议题，进行全方位的宣传与炒作，以争取民意支持其教改理念，最终完成策略性框架化过程，以增加民意基础并抢夺教育改革话语权**

Smith（2003）认为网络关系中的权力不对称是网络行为者位置的体现，台湾教改政策网络初期教育部所处的网络中心位置更显出政策网络权力的分配是悬殊的、极不对称的，其所拥有绝对的法定权威、行政资源都是刚成立的民间教改团体所望尘莫及的，因此使得民间教改团体必须另辟蹊径自行开发资源并从广大社会群众之中寻求支持，所以如何"启蒙"民众便是民间教改团体的最初重要战略。Goffman（1974:10-11）认为社会事件是随时发生且散布在世界各处，必须通过转换（transformation）才能成为与个人内在心理有所关联的主观认知，而这种转换的过程就是所谓的"框架化"（framing）。因此如何向普罗大众宣扬各自的教育理念，这便彰显了框架化的必要性，而民间教改团体如何运用策略性框架化以"建立教改议题"（agenda building）便成为当务之急。

他们经常采行的战术往往是利用"困窘策略"凸显教育部的施政不当与教育问题的严重性，或利用媒体营销片面炒作以操纵偏差性议题。如人本利用"体罚议题"攻击所有的教师与学校行政、甚至师范体系，便是最明显的例证。他们还联系其他民间教改团体设计共同立场，甚至不惜运用各种策略来"提出一套重新认识世界的参考坐标，唤起群众原先不存在的参与热情"[26]，并在不同时空环境下重新诠释台湾的教育现况，经过民间教改团体锲而不舍地运用各种机会下乡宣传、上媒体评论，逐渐完成针对社会大众的框架化，亦即"台湾需要全面教育改革"！1994年4月10日的全民大游行，便是宣告教改议题形成之日，最终使教育改革成为全台民众的共识，并在各地如火如荼地展开相关活动。

2. **民间教改团体在网络互动中持续地进行政策学习，不仅随时调整自身的政策视角，更采取集体行动策略进行利益汇聚，以提高彼此的网络权力并造成动员结构的改变**

Uzzi（1996）指出，紧密而保持距离的联系可作为信息转移的渠道，重叠网络能够促进信息共享，推动彼此更好地吸收创新的成果。保持持久关系还能够促进知识共享，通过长期相互合作和知识共享将产生新的价值，也使得成员之间更加愿意与其竞争者分享有价值的知识[27]。人本、主妇联盟以及振铎是最早寻求联盟策略的三个行动者，在密集接触的同时彼此也逐步领悟出运用集体行动策略更能整合多方的利益与需求，并转变成具体的政策替选方案，面对不利挑战时能争取较高的专业话语权，这种衍生出的公共财正是推动教育改革过程中最宝贵的资产与利器。民间教改团体从网络初期的相互试探、多方摸索，经历日渐频繁的网络互动后，汲汲吸取经验与教训，从中快速了解政策问题与目标，深度学习政治代价与机会成本的精算、挑选更为可行的行动或政策工具，更易于改变原来对政策问题所持的思维倾向与模式。

所以从民间教改团体的活动内容、对耦关系以及网络结构变化趋势分析，便明显地一致朝运作集体行动方向转变，当多方资源有力汇聚成单一网络角色时，其动员结构的改变以及中心权力的夺取，势头锐不可挡，这种常态性的合作策略也导致政策网络出现"固化"的现象，使台湾教改政策网络明显转趋稳定。

总体而言，相较于民间教改团体的通力合作集体行动，三个具备官方性质的行动者--教育部、立法院与教改会--不仅从未考虑联手出击，甚至分别与民间教改团体合作操弄政治杠杆，相互争权夺利。像二届改选后的立法院，趁机与民间教改团体密切合作联手削弱教育部的行政权，并取得空前的成功，使得教育部传统垄断的决策大权旁落，连带丧失政策拟定过程中的话语权；之后又有教改会与之争夺教育改革政策文本的决定权，使得教育部几乎丧失最基本的教育政策制定的合法性。以上三个组织都著眼于表面的、制度性的法定权力之争，事实上，从政策网络中心性的实际测算发现，在整个教育改政策网络中获得实际权力的是退隐至幕后"监控"的民间教改团体，十多年来民间教育改革团体的不同理念经过"框构化"完成统合，并绝大部分进入最终出台的教改政策文本中。

### （二）影响台湾教改政策网络之主要动因

#### 1.  "解除戒严"与"立法院全面改选"这两大政策之窗是台湾教育改革政策网络形成与变迁的关键节点所在

身为社会次系统的教育无时无刻不受到政治经济的渗透与影响，然而台湾在八〇年代全面推动的教育改革风潮，政治力却明显地驾驭于经济力之上，尤其是 1987 年台湾宣布除除戒严令，其中恢复人民结社的自由一项，更是台湾教育改革政策网络之所以能产生的先决条件，没有解严就没有结社的自由，没有结社自由就无法催生出民间教改团体，没有民间教改团体的出现，遑论教育改革政策网络的形成。因此，台湾社会的全面解严是本政策网络诞生的"政策之窗"。

其后 1992 立法院全面改选，万年国会终于宣告结束，全民选举之后立法院涌进新一轮的人才，尤其是最大反对党民进党夺得不少席次，使得立法院的成员重新调整，权力结构重新洗牌；因为这个难得"政治机会之窗"再度开启，也使得在政策网络中屈居劣势的民间教改团体得以开辟新的竞逐场域、争取新的合作对象，并获得新的政治杠杆操作空间。果然，民间教改团体与新科立委之间的密切合作策略奏效，完全扭转了政策网络的发展方向与权力结构。这两个政治机会之窗的出现，成为政策网络变迁过程中的重要关键节点，由此更证实当关键节点出现，网络结构会出现明显的变化，并使行动者重新认知自身网络定位，重新调整行动策略，这种网络变迁轨迹符合制度环境的断续式均衡。

## 2. 行动者动因、网络衍生动因、制度性动因共同促成网络变迁，而网络衍生因素同时扮演"互动结果"与"互动动因"的双重角色，更大发挥触动网络变化之功能

带动台湾教育改革政策网络动态发展的深层动因可归纳为以下三方面：行动者因素，如行动者特质——法定职掌、例行业务、成员特质、设立宗旨、决策惯性，以及行动者动机——成本效益、施政重点、争取权威等；网络衍生因素，如政策视角、政策遗绪、策略选择、共识动员、竞争场域、集体行动、动员结构；制度性因素，如正式权威、社会事件以及规范与监测三方面。

一般认为网络是行动者与网络所处的制度环境这两股驱力交会时所衍生的、变动不拘的暂时性结构，本研究通过台湾教改政策网络三个期所形成的动态博弈过程中发现，部分的动因并非原生自行动者或制度性的"属性"，而是通过网络"关系"互动而衍生出来的新动因，这些因素往往隐而未现，却又起著承先启后的循环关键作用。换言之，这些"网络衍生因素"往往同时扮演"互动结果"与"互动动因"的双重角色，正因为每个网络有其特殊的互动模式，因而形成各具特色的"网络动因"。所以从网络研究视角而言，这些"网络衍生因素"对于个别网络的动态特性而言更具研究价值，也提供未来政策网络动力（policy-network dynamic）相关研究的新途径。

依据上述分析发现，如何通过研究分析当年教改政策过程，才能顺势厘清当今庞杂而纷扰的教改问题，这正是本研究的努力方向。回顾解严前后关注教育的民间人士纷纷高举各种教育关怀的旗帜，成立许多社会团体加入教育改革的行列，由于参与教改成员的角色、身份甚至意识形态不同，往往导致各个教育团体所关注的焦点与诉求迥异。这些社会团体正代表各种势力在教改决策过程中角逐博弈，其中框架化的策略运用不仅唤起全台民众对于教改议题的关注，更造成 1994 年波澜壮阔的全民教改大游行，其中所形成的强大民意信号，不仅符合台湾社会从威权统治至民主的转轨方向，更能够迫使手握法定教育决策权的行政当局退避三舍，重新改变政策视角以调适新社会的需求与变化，加上政治民主化措施之一的立法改选，使得政府立法权的重新行使更分化了台湾教育政策传统上行政权独揽的局面，甚至 1993 年"行政院长"连战上台都将教育改革纳入施政重中之重。这些天时地利与人和所交织的政策网络变化，正是民间教育诉求之所以异军突起，成为台湾解严之初唯一进入政府议题、甚至纳入政策文本的关键所在。

台湾教改政策网络互动中所交织的权力竞逐与意识形态的攻防，正反映出教育改革制定过程中权力面向的复杂性，正因为权力的介入与角逐，使得教改政策虽然成为当年唯一深具民意基础的大政方针，但决策过程中过多的政治算计与民粹力量的滥用，却使得当年勉强形成的共识难以接受执行层面的现实考验，许多政治意图、意识形态的强加也使得教育问题不再单纯，而出现当前教改方案究竟是"政治正确"抑是"教育正确"的质疑；正由于勉强整合各方纷杂的教育理念、意识形态，同时造成教改方案内在逻辑的自相矛盾。虽然政治角力永远是政策制定过程的基本戏码，然而本研究希望通过适逢台湾社会转型关键的这个重要案例，一方面回答今日教改窒碍难行的深层因素，另一方面也试图揭示在台湾由威权社会转向市民社会的过程中，受制于历史环境的意识形态、政治手段能够随著社会的成熟在决策过程中逐渐褪去与提升。

## 二、研究创新

### （一）案例层面

二十世纪九十年代的台湾教育改革运动风起云涌，对于台湾日后的教育发展方向影响甚巨。在批判浪潮不曾间断的过程中艰难前行至今，值得吾人客观中立地还原并剖析当年政策制定过程的系络（context），并探究决策过程中深层的价值冲突与动因、描述多元团体相互博弈的过程，期待更清晰地呈现台湾教育改革政策制定特有的内在本质与发展规律以及外部政治社会的影响。

首先本研究揭示台湾教育改革政策制定过程的动态结构变化以及驱动政策走向的各种因素与机制。台湾教育改革的评论与相关研究多如过江之鲫，然而对于决策过程的研究却不多见。一来是因为政策过程本身资料取得不易，加上参与者或主观性较强，或囿于科层规范所造成的顾忌较多，正是这些政策过程研究的特质造成研究的信度失真与效度难以掌握，也导致台湾如此重大的政策过程研究付之阙如。因此本研究的第一个贡献便是尽力收集十多年来的教改一手文献资料并转化建构一个网络关系资料库，为本研究夯实重要的基础，也正因为政策资料的取得尤其困难，导致政策网络研究难以运用网络分析技术更加科学地予以呈现、还原过程原貌，例如以科学方法得出的网络中心性数据证实人本基金会对于台湾教改的影响力最大的论点，并进一步分析出其策略框架化的运用如何最终致胜；又如从中心性的数据测得表面上位高权重的教改会，不过是民间教改团体的代言人，换言之，依据本研究所测算出网络权力偏低的结果，颠覆了一般台湾社会对李远哲院长所领导的教改会对台湾教改影响至上的普遍认知，并尝试回答为何教育改革执行数年至今窒碍难行的根本原因。

## （二）研究视角层面

本研究运用网络视角提出"网络权力"概念，以区分传统政策研究中"正式权威"。传统的决策过程研究中，尤其是国家中心论或由上而下的政策执行研究取向，往往将官僚体系中的法定权威（legal authority）官职高低等同于权力大小并视为研究前提，由此产生对社会网络分析"扁平化"的研究取向是否适用于政治科学领域的质疑。其实网络视角最独特之处便是将传统政治与行政领域中的法定权威视为一种行动者所拥有的"资源"，法定权威越高表示所持"政治资源"越丰富；然而网络研究特别强调这种"政治资源"必须经过有效运作（exercise）才能转化为实质的"权力"（power），唯有权力的有效施行才能真正改变政策过程或造成政策网络的变化。因此在网络视角中的权威并不等同于权力，如何客观科学地将权威"转化"成权力的过程真实还原，便是网络动态分析的解释力所在。这一研究前提的差别正是网络研究得以区分"正式权威"与"非正式权力"之间落差的关键，而本研究除以网络独特的视角捕捉政策过程中各方势力之间的微妙互动与博弈策略以及权力的分布与消长外，并提出"网络权力"概念指涉政策网络中多元因素相互作用所产生的政策影响力，用以区分政策网络中官方部门所拥有的"法定权威"概念，更进一步运用社会网络分析技术将网络权力以量化呈现，并检验网络权力与法定权威的一致性高低，来分析官方部门的实际执政能力与决策权力，例如本研究中发现身为台湾最高教育决策机关的教育部，在毛高文部长时期其网络权力居首位完全符合其法定权威的高位，表示该时期教育部不仅全权掌握教育决策权同时具备高度的执政能力；同理，至郭为藩与吴京部长任期，该部的网络权力便一路下滑至第七与第八，表示法定权威与网络权力的背离，依此推论教育的决策实际权力与执政能力已经开始降低。

### （三）理论层面

本研究提出第三种从自网络互动关系中产生的"网络衍生动因"为政策网络分析制度外部因素与行动者内部相互转化过程提供更明确的路径。政策网络对于网络起源与变化的无力解释大大限制其对于政策过程研究的推进潜质，这是学界目前亟欲攻克的难关，例如布络姆-汉森主张把政策网理解为制度，并企图以此说明政策网络分析所无法处理的起源与变化两大问题。以前的政策网络分析认为外部因素（经济/市场性因素、理念因素、知识/技术因素、制度性因素）的改变带来政策网的变化，但汉森却认为不单是外部因素，而是被外部因素所包围的政策网络中的行动者所做出的选择，引起政策网络的变化。政策网络中总是存在制度变化的动因，在现存网络中受到不利影响的行动者，只要有机会就要改变政策网络，尤其当他们的协商能力因外部条件的影响而发生变化时，则将带来政策网络的变化。另一方面拥有较大权力的行动者也面对制度变化的动因，因此当外部因素变化造成政策网络的分配结果改变，那正此网络行动者会"探索"在一定条件下的最佳制度，其结果将导到新政策网络的出现。为了说明这种政策网络的变化，应该理解外部环境的变化如何导致政策网络改变的转化过程。本研究扎根于网络分析的互换结构所以演绎出的各种来源动因，除了来自外在制度因素以及网络行动者自身因素之外，特别提出第三种从自网络互动关系中产生的"网络衍生动因"，藉以为前二者动因相互转化过程提供更明确的路径，希望对于政策网络动态的研究有所推进。

最后，台湾教育改革政策的制定过程是二十世纪八〇年代政治社会巨大变动之下的产物与缩影，长期以来遭受威权体系压抑的民间社会确实累积了太多的怨愤，民间社会潜意识中对现有政府体系抱有某种敌意和不信任，并且渴望利益和价值分配体系的重组和变革。民间社会的这种"求自主、反支配"的基本性格，在台湾教育改革政策依然时时浮现，或许本研究正能折射出台湾这几年泛政治化的成因，并为"对决式"的决策模式与民粹式乱象的发展提供间接的佐证。

## 三、研究限制

本研究旨在探讨台湾教育改革政策网络形成的原因、变迁及造成影响深层因素。

第一个限制来自于本研究的分析对象属于议题网络，其特征便是网络边界的开放性——只要是对教育改革政策有兴趣参与者皆能自由进出该网络。换言之，直接或间接参与该政策网络的行动者可谓不计其数。然而考虑本研究的规模以及关系数据的取得不易，因此采取"声望研究"的预研究挑选网络行动者名单，进而确认较具"效度"的网络边界，这种方式虽符合实证方法的信度与效度要求，但不免因为"一刀切"而或多或少无法一窥政策网络更细致的互动全貌。

其次，本研究的期程设定以 1987 年台湾解除戒严开始至 1998 年"教育改革行动方案"出台为止，虽然解严是台湾民众结社的开始，也是网络行动者出现伊始，而"教育改革行动方案"的出台正标示台湾教育改革政策"拟定"阶段的结束；但事实上，本研究中的民间教改团体早在解严之前便以地下组织的形式，积极参与各种教育议题的街头活动，所以这种期程划分，与各行动者的社会运动与组织成长进程无法完全相符。例如 1987 年对于数年来为大学自主奔走、已经进入法案审查阶段的学改会而言，其行动方案与策略远远不同于甫成立的主妇联盟。因此本研究无法忠实反映出行动者的整体策略运作与组织消长，但这些并不妨碍本研究针对该时期网络博弈的结论。不过，未来若以台湾特定的民间教育改革团体为研究对象时，则上述研究时程的切割宜更审慎。

第三，本研究囿于十个网络行动者间关系资料部分散佚不全，为顾及研究的信度故事先撷取重复印证的关系数据加以交叉分析录入，如此便限制本研究数据库的范围，对于个别行动者对于网络之外的团体活动数据必须予以割舍，仅能作为分析的间接数据，而无法作为网络分析的有效数据。此外由于本研究的数据库是以网络内行动者之间的关系为筛选标准，导致部分网络分析测度如聚类（cluster）分析对于次团体分布、"派系研究"无法有效呈现，这是本研究的限制所在。在资料取得的前提下，运用社会网络技术中更高级的测度分析政策网络，将是未来政策过程分析的重要研究方向。

第四，囿于政策网络理论的限制，本研究旨在运用社会网络技术分析台湾教育改革政策网络的权力变化，并进一步尝试结合制度理论与社会动员理论，以求完整诠释政策网络的变迁与深层动因，研究过程中不免出现理论之间的悍格与错位，因此，未来关于网络分析的相关理论建构仍有待继续整合。

# 参考文献

## 一、中文著作

[4][10]罗家德. 社会网分析讲义[M]. 北京：清华大学，2003.

[5][8][9]罗家德. 社会网分析讲义[M]. 北京：社会科学文献出版社，2005.

[16]薛晓华. 台湾民间教育改革运动：国家与社会的分析[M].台北：前卫，1996.

## 二、中文期刊

[1]黄藿. 教育哲学家对教育改革能有什么贡献？[J]. 哲学杂志，1999.（29）.

[2]郑怡世. 市民社会、非营利组织的策略联盟、与政策形成——以"儿童及少年性交易防制条例"立法过程为例[C]. 民主政治与社会福利学术研讨会，2001.

[3]丘昌泰. 较公共政策：研究方法论的检讨与展望[J]. 空大行政学报，1995.（4）：16.

[6][11]王光旭. 政策网络研究在公共行政领域中的核心地位与方法错位[J]. 政策研究学报，2005.（5）.

[7]许继峰.统合理论与劳工研究[A].国科会专题研究计划成果报告，1997.26-27.

[12]罗奕麟. 科学园区开发案之政策网络分析—以中科三期后里基地开发案为例[D]. 东海大学，2009.

[13][18][24][25]邱维诚. 解严后台湾地区教育改革工程之结构性分析[D].政治大学，2000.

[14]高承恕. 台湾新兴社会运动结构因素之探讨[A]. 台湾新兴社会运动. 台北：巨流， 1989.

[15][17]方祥明. 团队成员个人知识转换能力与外部关系资源对创造表现行为之影响——以网络中心性为中介变量[D]. 云林科技大学，2004.

[19]陈丽珠. 九十二年度地方政府教育经费基本需求试算[A]. 教育部委托项目研究计划， 台北：教育部，2002.

[20]詹盛如. 台湾教育经费的现况分析[J]. 教育数据集刊，2008.（40）.4.

[21]王千美. 利益团体游说活动对政策制定的影响[D]. 政治大学，1992.

[22]纪惠容、郑怡世. 社会福利机构从事社会立法公益游说策略剖析：以"儿童及少年性交易防制条例"立法过程为例[J]. 小区发展季刊，1998.（84）.

[23]江明修、许世雨、刘祥孚. 环保类非营利组织之策略联盟[A]. 第三部门经营策略与社会参与. 台北：智胜，1999.

[26]何明修. 政治机会结构与社会运动研究[J]. 政治大学社会学刊，2004.（7）.

## 三、英文著作

1. DiNitto, D.M., & Dye, T.R. Social welfare politics and public policy. Englewood Cliffs, New Jersey：Prentice Hall,1983.

2. Freeman, L. The Political Process:Executive Bureau-legislative Committee Relations. New York:Random House,1965.

3. Goffman, E. Frame analysis：An Essay on the organization of experience.Cambridge, Massachusetts：Harvard University Press,1974.

4. Granovetter, M. The strength of weak ties: a network theory revisited, in Marsden, P. V. & Lin, N. （eds.）, Social Structure and Network Analysis. Beverly Hills, CA: Sage,1982.

5. Heclo, H. "Issue Networks and the Executive Establishment" in A. King （ed.）, The New American Political System. Washington, D.C. American Enterprise Institute,1978.

6. Howlett, M. & Ramesh, M. Study Public Policy:Policy Cycles and Subsystems. Toronto; New York: Oxford Unuversity Press,1995.

7. Klijn, E. H. Policy networks: an overview, in Kickert, W. J. M., Klijn, E. H., & Koppenjan J. F. M. （eds.）. Managing complex network: strategies for the public sector. Calif. : Sage,1997.

8. Klijn, E.H. & G. R. Teisman. Strategies and games in networks. Kickert, W. J. M., Klijn, E. H. & Koppenjan, J. F. M.（eds.）. In managing complex networks: strategies for the public sector. London: Sage,1999.

9. McAdam, Doug. Political process and the development of black insurgency, 1930-1970. Chicago: University of Chicago Press,1999[1982].

10. Nohria, Nitin: Is a Network Perspective a Useful Way of Studying Organizations？（In）N. Nohria and R. G. Eccles, eds.: Networks and Organizations. Structure, Form, and Action. Boston: Harvard Business School Press,1992.

11. North, D. Institutions, institutional change and economic performance. Cambridge: Cambridge University Press,1990.

12. Peters, B. G. American Public Policy:Promise and Performance. Hampshire: MacMillan Press,1986.

13. Powell, W. W. Neither market nor hierarchy: Network forms of organization. In B Staw, LL Cummings（Eds.）, Research in Organizational Behavior. JA I Press, 1990.

14. Rhodes, A. W., & Marsh, D. Policy networks in british politics. Oxford: Clarendon Press,1992.

15. Rhodes, R. A. W. Understanding governance: Policy networks, governance, reflexivity and accountability. Buckingham: Open University,1997.

16. Rose, R. Lesson-Drawing in Public Policy. Chatham NJ: Chatham House,1993.

17. Sabatier, P. A. & Smith, S.C.J. Policy Change and Learning: An Advocacy Coalition Approach. Boulder, Co: Westview press,1993.

18. Smith, M. J. Pressure, power and policy. Hemel Hempstead: Harvester Wheatsheaf.1993.

## 四、英文期刊

1. Börzel, T.A. Organizing Babylon - On the different conceptions of policy networks. Public Administration, （1998）.（76）,253-273.

2. Entman, R. M. Frmaing：Toward clarification of a fracture paradigm. Journal of Communication, （1993）.43（4）, 51-58.

3. Freeman, G. P. National styles and policy sectors: Explaining structural variation. （1986）. Journal of Public Policy, Vol.5, No.4, 467-496.

4. Gamson, W., Croteau, D., Hoynes, W., & Sasson, T. Media image and the social construction of reality. Annual Review of Sociology, （1992）.18, 373-393.

5. Granovetter, M. The strength of weak ties. American Journal of Sociology, （1973）. 78, 1360-1380.

6. Hall, P. A., & Taylor, C. R. The potential of historical institutionalism: a response to hay and wincott. Political Studies, （1998）.46（5）:958-963.

7. Huang, K. & K.G. Provan. Control of Resources and Patterns of Network Interaction Under Competing Institutional Pressures. Published in Academy of Management's 2006 Annual Meeting Proceedings.

8. Jordan, G. Subgovernments, policy communities and network. Journal of Theoretical Politics, （2000）.2, 319-38.

9. Kenis, P. & Schneider, V. Policy Networks and Policy Analysis: Scrutinizing a New Analytical Toolbox, in B. Marin, R. Mayntz, eds. （1991）. Policy Networks: Empirical Evidence and theoretical Considerations, Frankfurt a. M. Campus: 25-59

10. Klijn, E.H. Rules as Institutional Context for Decision Making in Networks:The Approach to Postwar Housing Districts in Two Cities, Administration and Society, （2001）. 33 （2）:133–64.

11. Law, Wing-Wah, 1996, "Fortress State, Cultural Continuities and Economic Change: Higher Education in Mainland China and Taiwan," Comparative Education 32: 377-393.

12. Mok, Joshua Ka-Ho, 2000, "Reflecting Globalization Effects on Local Policy: Higher Education Reform in Taiwan," Journal of Education Policy 15: 637-660.

13. O'Toole , L. J. & Meier, K. J. Desperately Seeking Selznick: Cooptation and the Dark Side of Public Management in Networks, Public Administration Review. （2004）. 64 （6）:681-93.

14. Raab, C. D. Understanding Policy Networks: a Comment on Marsh and Smith. Political Studies,（2001）. 49: 551–556.

15. Raab, J., & Milward, H. B. "Dark Networks as Problems." Journal of Public Administration Research and Theory. （2003）. 13, 4: 413-439.

16. Sabatier, P.A. Top-Down and Bottom Up Approaches to implementation research: A critical analysis and suggested synthesis. Journal of Public Policy, （1986）. 6, 1, 21-48.

17. Skok, J. E. Policy issue networks and the public policy cycle. Public Administration Review, （1995）. Vol. 55, No. 4.

18. Smith，A. Power relations，industrial clusters，and regional transformations：pan–European integration and outward processing in the slovak clothing industry. Economic Geography，（2003）. 79（1），17–40.

19. Snow, D.A., & Rochford, E.B. Frame alignment process, micromobilization, and movement participation. American Sociological Review, （1986）. 51, 464-481.

20. Watts, D. Dynamics and the Small-world Phenomenon. American Journal of Sociology, （1999）. 105（2），493-527.

21. Williamson, C. E. Public and private bureaucracies: A transaction cost economics perspective. Journal of Law, Economics and Organization, （2001）. 15, 306-324.

22. van Warrden, F. Dimensions and types of policy networks. European Journal of Political Research, （1992）. 21（1/2）, 29-52.